JULI

AUGUST

SEPTEMBER

OKTOBER

NOVEMBER

DEZEMBER

Betina Wech-Niemetz

VEGGIE KITCHEN

Das **Kochbuch** für **Teenager**

Supereinfach kochen in maximal **30 Minuten**

EMF

EIN BUCH DER
EDITION MICHAEL FISCHER

INHALT

Snacks & Finger-Food 83

Sweets 111

Pestos und Dips 135

Vorwort

Du bist genervt davon, nach einem anstrengenden Tag nach Hause zu kommen und es ist wieder mal nichts zu essen da? Auf die übliche Stulle hast du aber auch keinen Bock mehr? Und bis Mama und Papa kommen und etwas kochen, dauert es auch noch viel zu lange ...

Kein Problem, dann nimm das doch selbst in die Hand und mach dir einfach das, worauf du gerade Lust hast. Selbst kochen ist der erste Schritt in Richtung Unabhängigkeit – und glaube mir, es macht sogar richtig viel Spaß.

Dieses Buch bietet dir trendige, aber simple Rezepte, die sich in maximal 30 Minuten zubereiten lassen. Und keine Sorge – Langeweile kommt bei der Rezeptauswahl bestimmt nicht auf. Vom Klassiker Lieblingspasta mit Linsenbolognese über hippe Rainbow Rolls mit Erdnusssauce oder Caesar-Salad-Wrap mit spicy Kichererbsen gefolgt von Enchilada-Schälchen mit Tomatensalsa über Bananen-Sushi bis zum Mango-Slushie mit Melone und Minze ist alles dabei. Natürlich gibt es auch den einen oder anderen TikTok-Trend, wie den Green-Goddess-Salat oder Baked Pasta mit Cherrytomaten. Damit kannst du nicht nur Mama und Papa, sondern vor allem deine Freunde beeindrucken.

Damit du nicht stirnrunzelnd in der Küche stehst, findest du zu Beginn nützliches Küchen-Know-how. Da werden Garmethoden, Fachbegriffe sowie Mengenangaben und vieles mehr verständlich erklärt.

Und schon kann es losgehen mit dem Projekt #ichkocheselbst. Ich freue mich, dich auf dieser aufregenden Reise ein Stück weit begleiten zu dürfen und wünsche dir unbeschreiblich viel Spaß und Freude beim Ausprobieren und Entdecken einer neuen Welt.

Herzlichst,
deine Betty

Alle Gerichte sind für 2 Personen berechnet

Einleitung

Zuerst einmal möchte ich dir gratulieren, dass du dich für eine vegetarische Lebensweise entschieden hast. Vielleicht bist du auch Flexitarier*in oder Pescetarier*in und möchtest einfach häufiger vegetarische Gerichte zu dir nehmen. Es gibt viele Gründe, sich ausschließlich oder häufiger vegetarisch zu ernähren. Egal, ob Tierwohl, Klimawandel oder gesundheitliche Aspekte der Antrieb dafür sind, eines steht fest – vegetarische Ernährung ist gesund, spannend und alles andere als langweilig. Das möchte ich dir mit den ausgewählten Rezepten zeigen.

Egal ob du blutige*r Anfänger*in bist oder dich bereits auf das nächste Level gekocht hast – dieses Kochbuch ist für alle geeignet. Die Rezepte sind in einfachen Schritten beschrieben und leicht nachzukochen. Wenn du noch nie einen Kochlöffel in der Hand hattest, wirst du vielleicht für die Zubereitung ein bisschen länger brauchen als jemand, der schon öfter gekocht hat.

Wie bei allem im Leben macht die Übung den Unterschied. Erinnere dich daran, an wie viele Dinge du denken musstest, als du Fahrrad fahren gelernt hast. Und heute radelst du völlig automatisiert und ohne nachzudenken durch die Stadt. Mit dem Kochen ist es ähnlich. Die Prozesse werden vertrauter und durch die Übung wird man schneller.

Bevor wir mit den Rezepten loslegen, möchte ich dir zuerst ein paar Grundlagen mitgeben. Wie liest man Rezepte richtig? Was ist der Unterschied zwischen Anbraten und Andünsten und welche Garmethoden gibt es überhaupt? Was bedeuten die Abkürzungen und welche Utensilien braucht man? Betrachte es als kleinen Leitfaden, um dich sicher durch das Abenteuer Kochen zu navigieren.

Last but not least macht selbst kochen auch so viel unabhängiger. Endlich kannst du selbst bestimmen, was du wann essen möchtest und bist auch nicht mehr auf Convenience Food angewiesen, das mit Konservierungsmitteln und künstlichen Aromen vollgepumpt ist. Obendrein sparst du auch ordentlich Geld. Anstatt dein Taschengeld für teures Junkfood auszugeben, gib es lieber für coole Freizeitaktivitäten mit deinen Freund*innen aus. Als Bonus ist dir die Anerkennung deiner Freund*innen sicher, wenn du zum Filmeabend so nebenbei deine selbstgemachten Pastachips mit Pizza-Dip servierst.

Überzeugt?
Dann legen wir mal los …

KÜCHEN KNOW-HOW

MENGENANGABEN
und Abkürzungen

Auch wenn du in deinem neuen Kochbuch nicht alle Begriffe finden wirst, möchte ich dir der Vollständigkeit halber einen Überblick über die gängigen Bezeichnungen geben. Diese Sprache zu verstehen, ist zum Lesen von Rezepten sehr nützlich.

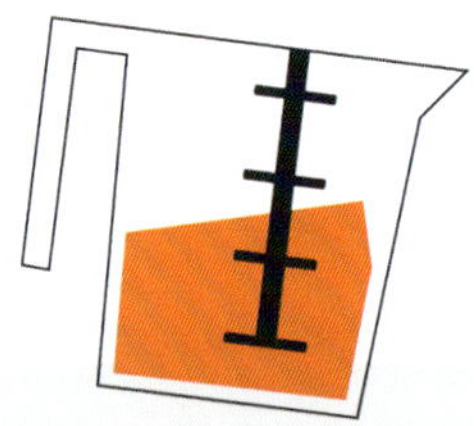

g = Gramm

kg = Kilogramm

ml = Milliliter

l = Liter

EL = Esslöffel

TL = Teelöffel

Msp. = Messerspitze

Prise = die Menge, die man mit zwei Fingerspitzen fassen kann (Daumen und Zeigefinger)

Pck. = Packung/Päckchen

1 Bund = ca. 25 g

TK = Tiefkühlprodukt

Ø = Durchmesser

°C = Grad Celsius

Vom richtigen WERKZEUG

Hier möchte ich dir kurz die wichtigsten Utensilien vorstellen, die du zum Kochen brauchst:

PFANNEN, TÖPFE UND OFENFORMEN

Pfanne: Im Idealfall hast du eine kleine und eine mittelgroße Pfanne mit einer Antihaftbeschichtung. Diese sorgt dafür, dass das Bratgut nicht in der Pfanne kleben bleibt. Achte darauf, dass der Pfannengriff hitzebeständig ist, sonst kannst du die Pfanne nicht in den Ofen stellen. Nicht alle Pfannen mit Antihaftbeschichtung können bei hohen Temperaturen in den Ofen, schau dir deshalb die Hinweise auf der Verpackung an.

Töpfe: 3 Töpfe mit Deckeln in 3 Größen sind die perfekte Ausstattung. Wir benötigen einen großen Topf z. B. zum Kochen von Pasta. In der mittleren Größe können wir beispielsweise die Pastasauce zubereiten. Einen kleinen Topf benötigen wir zum Beispiel zum Zerlassen von Butter oder Erwärmen kleiner Mengen.

Backblech: Benötigen wir zum Beispiel für unsere Pizzaschnecken oder die überfahrenen Kartoffeln.

Auflaufform: Sie hält hohe Temperaturen aus und ist für Gerichte im Backofen geeignet.

Muffinblech: Eine Backform mit mehreren Vertiefungen, d. h. du kannst mehrere Muffins gleichzeitig darin backen.

Gugelhupf-Form: Ideal ist eine Gugelhupf-Form mit Antihaftbeschichtung, da sich der Kuchen leichter aus der Form stürzen lässt und nicht so leicht kleben bleibt.

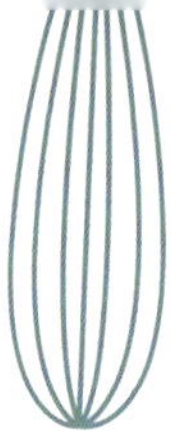

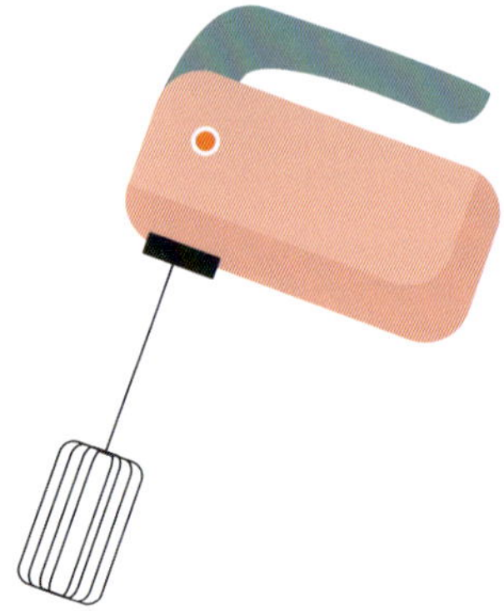

NÜTZLICHE KOCHUTENSILIEN

Schneidebrett: Am liebsten aus Holz, da das Naturmaterial über keimtötende Eigenschaften verfügt.

Scharfes Messer/Kochmesser: Damit schnippelst du mühelos deine Zutaten.

Küchenmesser: Damit kannst du Gemüse putzen.

Kochlöffel: Zum Umrühren von Speisen.

Sparschäler: Gemüse und Obst lässt sich damit schnell und einfach schälen.

Knoblauchpresse: Klar, zum Pressen für Knoblauch, aber auch der Kapern im Avocadodip.

Schneebesen: Zum feinen Vermengen von Zutaten oder Aufschlagen von Flüssigkeiten.

Teigschaber: Damit erreichst du jeden Winkel in deiner Rührschüssel und kannst den Teig restlos aus der Schüssel holen.

Suppenkelle

Pfannenwender: Verwende nur Materialien wie Holz oder Kunststoff, um die Beschichtung der Pfannen nicht zu beschädigen.

Dosenöffner

Vierkantreibe

Gemüsehobel

Nudelholz

Sieb

Messbecher

Rührschüssel

Spieß: Das kann ein Holzspieß oder Metallspieß sein – wir benötigen ihn für die Stäbchenprobe unseres Kuchens.

Küchenwaage

Kuchenrost: Ein Metallgitter zum Auskühlen von Kuchen oder Gebäck. So verhindert man, dass durch den entweichenden Dampf das Gebäck zu „schwitzen" beginnt und feucht wird.

Handrührgerät

Stabmixer/Pürierstab: Damit pürieren wir Saucen, Pestos oder Suppen.

Blitzhacker/Multihacker/Cutter: Sehr praktisch zum schnellen Zerkleinern von Zutaten.

Waffeleisen

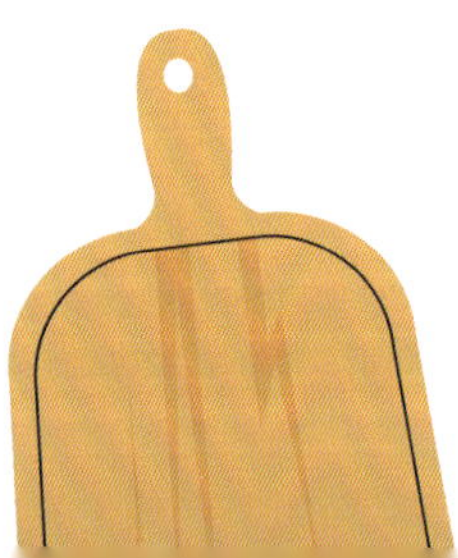

WAS BEDEUTET?

Fachbegriffe einfach erklärt

Keine Sorge, du wirst nicht alle dieser Begriffe für dieses Buch brauchen. Aber wenn du irgendwo Rezepte liest, ist es nützlich, den einen oder anderen Begriff schon einmal gehört zu haben.

Abschrecken: Man unterbricht den Kochprozess, indem man z. B. Gemüse oder Nudeln kurz unter fließend kaltes Wasser hält. Legt man grünes Gemüse wie z. B. Erbsen kurz in Eiswasser, kann man nach dem Kochen die grüne Farbe erhalten.

Ablöschen: Man löscht Bratgut ab, indem man Flüssigkeit in Topf oder Pfanne gießt.

Abschmecken: Finales Würzen mit Kräutern, Salz und Pfeffer, damit das Gericht so schmeckt, wie es soll.

Anschwitzen: Kurzes Braten von Gemüse, (meistens Zwiebel und Knoblauch), ohne dass es Farbe annimmt.

Blanchieren: Gemüse wird kurz in kochendem Wasser überbrüht.

Flambieren: Damit meint man das Abbrennen eines Gerichts mit hochprozentigen und somit brennbaren Spirituosen kurz vor dem Servieren oder erst direkt am Tisch.

Filetieren: Damit ist „ein Filet herausschneiden" gemeint. Dieser Begriff wird häufig bei Fisch verwendet, aber auch bei Obst, z. B. das Herausschneiden von Orangenstücken aus der Haut, den sogenannten Orangenfilets.

Julienne: In feine Streifen geschnittenes Gemüse. So schneiden wir die Zutaten für unsere Rainbow Rolls.

Marinieren: Gemüse oder Tofu wird in ein Gemisch aus Öl und Gewürzen eingelegt oder damit eingerieben und für einige Zeit in den Kühlschrank gestellt. So können die Gewürze gut einziehen und der Geschmack durchdringt das Gemüse oder den Tofu.

Pochieren: Garen von z. B. Eiern in Flüssigkeit knapp unter dem Siedepunkt von ca. 95 °C.

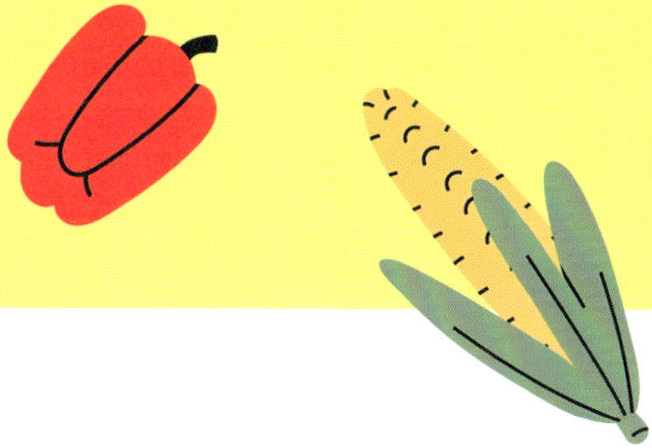

Pürieren: Das Zerstampfen oder Zerkleinern von Lebensmitteln, bis sie keine festen Bestandteile mehr enthalten.

Reduzieren: Langsames Köcheln einer Flüssigkeit, bis sich die Flüssigkeit reduziert hat und eindickt.

Stäbchenprobe: Ganz wichtig beim Backen von Kuchen oder Torten. Am Ende der Garzeit wird ein Spieß in die Mitte eines Kuchens gesteckt. Zieht man das Stäbchen raus und es ist trocken, ist der Kuchen fertig. Klebt hingegen noch Teig am Stäbchen ist er noch nicht durch und muss nochmal für einige Minuten in den Ofen.

Stocken: Es wird so lange Hitze zugeführt, bis die Masse beginnt, dick zu werden wie z. B. ein Omelett.

Verquirlen: Das Schlagen einer Flüssigkeit, z. B. Eiern, mit dem Schneebesen oder einer Gabel.

Die wichtigsten GARMETHODEN im Überblick

Man kann Lebensmittel auf die unterschiedlichsten Arten zubereiten. Eine in Wasser gedünstete Zucchini hat einen ganz anderen Geschmack als eine gebratene oder gegrillte. Mit der Garmethode kannst du dein Gemüse langweilig schmecken lassen oder ordentlich Geschmack aus ihm rauskitzeln. Eine der geschmackintensivsten Methoden ist dabei das Braten oder Grillen.

Braten oder Anbraten: Damit ist kurzes Braten in Fett bei hoher Temperatur in der Pfanne gemeint. Sobald Gebratenes zu bräunen beginnt, entwickeln sich Röstaromen, die den guten Geschmack ausmachen. Gebraten wird immer offen, also ohne Deckel.

Erhitze dabei immer erst die Pfanne und gib das Fett erst nach dem Aufheizen hinzu. Das Gargut wird immer ins bereits heiße (!) Fett gegeben. Nur so können sich die leckeren Röstaromen bilden.

Tipp 1: Achte darauf, hoch erhitzbare und raffinierte Öle zum Braten zu verwenden. Diese sind besser für hohe Temperaturen geeignet als kalt gepresste Öle. Geeignet sind z. B. Maiskeimöl, Sonnenblumen- oder Rapsöl.

Tipp 2: Ob das Fett schon heiß genug ist, kannst du einfach feststellen: Halte einen Kochlöffelstiel in die Pfanne – bilden sich darum kleine Bläschen, ist das Fett heiß und du kannst das Gargut in die Pfanne geben. Vorsicht, nicht zu lange warten, dann beginnt das Fett zu rauchen. Wenn es bereits verbrennt, sollte es nicht mehr verwendet werden.

Rösten: Die Begriffe Rösten und Braten verschwimmen in der Alltagssprache oft miteinander. Genau genommen meint man mit Rösten aber das kurze Braten in der Pfanne oder im Ofen bei hoher Temperatur ohne Fett. Zum Beispiel röstet man Nüsse ohne Fett in der Pfanne an. Man kann aber auch Gemüse wunderbar im Ofen rösten. Dadurch entwickelt es ein besonders deftiges Aroma. Dabei wird allerdings meistens Fett zugegeben.

Dünsten: Ist eine recht schonende Garmethode von Gemüse in einem Topf bei geschlossenem Deckel. Dabei wird wenig Fett und wenig Flüssigkeit verwendet. Bei dieser Methode sollte man gut würzen, da Gedünstetes schnell mal langweilig schmecken kann.

Schmoren: Das ist langsames Garen bei niedriger oder mittlerer Temperatur in einem Topf mit geschlossenem Deckel. Meist wird zuerst das Bratgut im Topf bei hoher Temperatur angebraten und mit Flüssigkeit abgelöscht. Dann reduziert man die Temperatur, gibt einen Deckel drauf und lässt das Ganze langsam vor sich hin schmoren. Diese Methode nutzt man vorwiegend für Kohlarten oder Wurzelgemüse, die zum einen eine längere Garzeit benötigen und zum anderen so ein besseres Aroma entwickeln können.

Backen: Damit ist das Backen im Backofen gemeint. Die Temperaturen und Zeiten können hier sehr unterschiedlich sein. Gebacken wird zum Beispiel Brot, Gebäck, Pizza, Kuchen, Flammkuchen etc. Manchmal meint man mit Backen auch Backen in Fett. Die richtige Bezeichnung dafür ist allerdings frittieren.

Frittieren: Dabei wird das Gargut in Fett schwimmend gebacken. Das Ganze geschieht bei sehr hohen Temperaturen. Das kennst du bestimmt von der Pommesbude. Auch Chips werden mit dieser Methode hergestellt.

Gratinieren: Ein fertiges Gericht wird zum Schluss mit Käse bestreut und im Ofen gratiniert, also nochmal kurz überbacken, bis der Käse eine schöne braune Kruste bildet.

Grillen: Hier wird das Gemüse/Tofu auf einen Grillrost gelegt und bei sehr hohen Temperaturen gegart. Durch die hohen Temperaturen geht das sehr schnell. Auch im Backofen können wir grillen. Die meisten Backöfen verfügen mittlerweile über eine Grillfunktion. Das ist perfekt, um manchen Gerichten den letzten Schliff zu verpassen.

Karamellisieren: Beim Rösten von Zucker entsteht Karamell. Dabei wird Zucker langsam ohne die Zugabe einer Flüssigkeit in einer Pfanne erhitzt, bis er flüssig wird und sich goldbraun verfärbt.

TIPPS und TRICKS

Bevor du nun in die Küche stürmst, lies dir in Ruhe die folgenden Tipps durch, damit dein Kocherlebnis auch ein Erfolg wird.

TIPPS, BEVOR ES LOSGEHT

1. Lies dir das Rezept vor dem Einkauf in Ruhe durch. So kannst du dir gleich den Arbeitsablauf einprägen und tust dir während des Kochens leichter.

2. Achte beim Einkauf auf Frische und gute Qualität der Zutaten. Bei Obst und Gemüse gelingt das am besten, wenn du saisonale Lebensmittel kaufst. Diese müssen nicht einmal um die Welt transportiert werden, sondern wachsen beim Bauern in der Region. So bekommst du frisches Gemüse voller Vitamine.

3. Das Wichtigste beim Kochen ist eine gute Vorbereitung. Das bedeutet: Stelle alle Zutaten bereits abgewogen bereit. Dasselbe machst du mit den Utensilien. Das erspart dir hektisches Suchen während des Kochens und du kannst dich auf das Kochen selbst konzentrieren.

4. Lass dich nicht entmutigen, wenn mal was schiefgeht. Das passiert selbst den routiniertesten Köchen. Fang deswegen lieber mit ganz einfachen Gerichten an und steigere dich langsam.

WAS DU WISSEN SOLLTEST – FAQS ÜBER GESUNDE ERNÄHRUNG

Wenn man sich noch nie mit gesunder Ernährung beschäftigt hat, ist man oft verunsichert und kann sich schnell verloren fühlen im Dschungel zwischen Lebensmittelampel, Werbung und diversen Empfehlungen. Warum sind Fertiggerichte angeblich ungesund? Was ist falsch an einem Gemüseauflauf aus der Packung? Getreide ist doch gesund, warum soll ich dann keine Cerealien kaufen?

Gleich mal vorweg, gesunde Ernährung ist eine eigene Wissenschaft und viele Disziplinen setzen sich mit ihr auseinander. Sie ist sicher nicht in einigen Sätzen erklärt. Heute möchte ich einfach an einem Punkt starten und dir einige Grundlagen zur besseren Orientierung mitgeben.

Welche Lebensmittel solltest du meiden und welche kannst du bedenkenlos zu dir nehmen?

1 Vermeide bzw. reduziere stark verarbeitete Lebensmittel. Das sind Produkte, die durch mehrere Verarbeitungsschritte stark verändert wurden. Sie enthalten viele ungesunde Zusatzstoffe wie Konservierungsstoffe, künstliche Aromen, Farbstoffe, Stabilisatoren, übermäßig viel Fett, Zucker oder Salz. Gleichzeitig enthalten sie wenig Nährstoffe und haben kaum Ballaststoffe oder Vitamine. Leider werden solche Gerichte meist stark gesalzen bzw. gezuckert, um die minderwertige Qualität der Rohstoffe zu überdecken. Stark verarbeitet sind alle Fertiggerichte, Süßigkeiten, die meisten Cerealien, Chips oder Gerichte mit sehr langer Haltbarkeit. Check doch einfach mal die Zutatenliste. Du musst dieses ganze Latein mit E-Nummern nicht verstehen, merke dir nur: Je länger die Liste an Zusatzstoffen ist, desto schlechter ist das Produkt für dich.

2 Verarbeitete Lebensmittel werden aus unverarbeiteten oder nur minimal verarbeiteten Zutaten hergestellt. Das sind z. B. Konserven wie Dosentomaten, Tiefkühlkost oder Backwaren. Ihnen wird oft Zucker, Salz oder Fett zugesetzt. Die frische Alternative ist in jedem Fall besser.

3 Wenig verarbeitete Lebensmittel sind soche, die man für die Zubereitung von Gerichten benötigt, wie z. B. Öl, Zucker, Salz oder Gewürze.

4 Unverarbeitete Lebensmittel sind nicht oder nur minimal verarbeitet. Das wären frisches Obst, Gemüse, ungewürztes TK-Gemüse, Milch, Eier, Nüsse oder Samen. Diese Lebensmittel sind kaum verarbeitet und du kannst sie bedenkenlos essen. Achte trotzdem auf Saisonalität und Regionalität.

5 Nicht jeder Käse ist vegetarisch, denn bei der Produktion wird häufig tierisches Lab verwendet. Achtet beim Kauf also darauf, ob es sich um vegetarischen Käse handelt.

SOULFOOD
Deftiges voller Energie

Mediterraner FLAMMKUCHEN

25 MIN | 10 MIN | 15 MIN

DU BRAUCHST

50 g rote Zwiebel
1 kleine Frühlingszwiebel
1 kleine Handvoll Rucola
70 g aromatische Cherrytomaten
100 g Schmand
Salz
Pfeffer
½ Flammkuchenteig (Kühlregal)
ca. 1 ½ EL Olivenöl extra nativ

SO GEHT'S

1. Heize den Ofen auf 250 °C Ober-/Unterhitze vor und belege ein Backblech mit Backpapier.
2. Die rote Zwiebel in feine Ringe schneiden. Die Frühlingszwiebel putzen, waschen und in feine Ringe schneiden. Den Rucola waschen und gut trocken schütteln. Die Tomaten waschen und halbieren.
3. Den Schmand mit Salz und Pfeffer verrühren und würzig abschmecken.
4. Lege den Flammkuchenteig auf das Backblech und bestreiche ihn mit dem Schmand. Lasse außen einen Rand von ca. 1,5 cm frei.
5. Zuerst streust du die Lauchzwiebel über den gesamten Teig. Danach verteilst du die Tomatenhälften darüber und zum Schluss belegst du den Teig mit der roten Zwiebel.
6. Gib den Flammkuchen im Ofen auf die unterste Schiene und backe ihn ca. 15 Minuten, bis der Rand schön braun und knusprig geworden ist.
7. Nimm den Flammkuchen aus dem Ofen, belege ihn mit Rucola und beträufle ihn mit dem Olivenöl. Schneide den Flammkuchen mit einem Pizzaschneider in Streifen.

Deine Einkaufsliste

bit.ly/3DvlJfW

Die Tomaten werden so aromatisch!

Damit keine Zutaten übrigbleiben – z. B. der halbe Flammkuchenteig – empfehle ich dir, gleich die doppelte Menge zu machen. Den Rest kannst du entweder am nächsten Tag kalt als Pausensnack und/oder Abendbrot essen oder du überraschst Mama und Papa mit einem Essen.

Überbackenes OMELETT

30 MIN | 15 MIN | 15 MIN

DU BRAUCHST

½ rote Zwiebel

100 g Cherrytomaten

½ rote Paprika

¼ Bund glatte Petersilie

5 Eier, Größe M

30 g Kalamata Oliven, entsteint

1 EL Olivenöl

1 ½ EL Kapern

1 TL getrockneter Oregano

Salz

Pfeffer

100 g Feta

SO GEHT'S

1. Heize den Ofen auf 200 °C Umluft vor.
2. Zwiebel schälen und fein hacken. Das Gemüse waschen und putzen. Die Kirschtomaten vierteln. Paprika in Würfel schneiden. Die Petersilie hacken. Die Eier verquirlen. Die Oliven halbieren.
3. Erhitze das Olivenöl in einer feuerfesten Pfanne (am besten aus Gusseisen). Brate darin die Zwiebel und die Paprika für ca. 4 Minuten an. Gib Tomaten, Oliven, Petersilie (behalte etwas für die Garnitur zurück), Kapern sowie Oregano zu und brate alles für weitere 3 Minuten.
4. Mische die verquirlten Eier drunter und würze mit Salz und Pfeffer (Vorsicht: eher zurückhaltend salzen, da der Feta noch dazukommt und bereits salzig ist). Dann für ca. 2–3 Minuten braten, bis die Eier gestockt sind.
5. Brösle den Feta grob drüber und überbacke das Omelett ca. 10–12 Minuten im Ofen. Bestreue das Omelett mit der restlichen Petersilie und serviere es sofort.

Deine Einkaufsliste

bit.ly/43qG80c

Omelett mal gar nicht klassisch.

Ein frischer Blattsalat dazu und fertig ist ein leichtes Low-Carb-Essen.

SPAGHETTI mit Burrata und Cherrytomaten

30 MIN | 10 MIN | 20 MIN

DU BRAUCHST

- 3 große Knoblauchzehen
- 500 g süße und aromatische Cherrytomaten
- 3 Zweige Oregano (alternativ 1 TL getrockneter)
- 1 EL Olivenöl extra nativ
- ½ TL Salz
- 1 Prise Zucker
- 300 g Spaghetti
- 1 Kugel Burrata
- Olivenöl extra nativ zum Anrichten
- frisch gemahlener Pfeffer zum Anrichten

SO GEHT'S

1. Den Knoblauch schälen und hacken. Die Cherrytomaten waschen, trocknen und halbieren. Oregano waschen, trocken tupfen, die Blättchen von den Stängeln zupfen und grob schneiden.

2. Erhitze das Öl in einem breiten Topf und dünste den Knoblauch für ca. 2 Minuten bei mittlerer Hitze farblos an. Gib die Cherrytomaten zum Knoblauch. Rühre gut um, sodass sich ein bisschen Flüssigkeit bilden kann (gib aber kein Wasser dazu!). Erhöhe die Hitze kurz und lass die Tomaten für ca. 2 Minuten mit geschlossenem Deckel kochen. Hitze wieder reduzieren, Deckel vom Topf nehmen, Oregano, Salz und Zucker zugeben und offen ca. 20 Minuten köcheln lassen.

3. Inzwischen die Nudeln in reichlich Salzwasser al dente kochen (1 Esslöffel Salz pro Liter Wasser). Beim Abgießen der Nudeln ein paar Esslöffel Wasser abnehmen und beiseitestellen.

4. Schneide die Burrata in grobe Stücke und gib sie zu den Tomaten. Sollten die Tomaten keine Flüssigkeit mehr haben, rühre ein paar Esslöffel Nudelwasser unter. Mische die Sauce mit den Nudeln und träufle etwas Olivenöl drüber. Gib etwas frisch gemahlenen Pfeffer über die Pasta und teile sie auf zwei Teller auf.

Lass mal die Burrata weg und du hast eine herrlich aromatische Tomatensauce für eine schnelle Pasta.

Deine Einkaufsliste

bit.ly/3F9uJYO

Ein Schluck hochwertiges Olivenöl gibt noch einen extra Kick.

ÜBERFAHRENE KARTOFFELN
mit Bärlauchbutter

30 MIN | 5 MIN | 25 MIN

DU BRAUCHST

500 g kleine Frühkartoffeln oder Sorten wie Drillinge oder Kipfler
25 g Bärlauch
100 g Schmand
Salz
Pfeffer
50 g Butter

SO GEHT'S

1. Wasche die Kartoffeln sauber und wenn nötig, bürste sie mit einer Gemüsebürste ab. Koche sie ungeschält in Salzwasser für ca. 15–20 Minuten gar.
2. Wasche inzwischen den Bärlauch, tupfe ihn gut trocken und schneide ihn mit den Stielen grob in Streifen.
3. Für den Dip verrührst du Schmand mit ½ Esslöffel Bärlauch und schmeckst ihn mit Salz und Pfeffer würzig ab. Den restlichen Bärlauch legst du zur Seite.
4. Sobald die Kartoffeln gar sind, das Wasser abgießen und kurz ausdampfen lassen. Die Kartoffeln eng aneinander auf die Arbeitsfläche oder ein Backblech legen. Einen Bogen Backpapier darüber geben und mit dem Nudelholz etwas platt quetschen.
5. Zerlasse die Butter in einer Pfanne bei mittlerer Hitze und gib die angedrückten Kartoffeln mit einem Pfannenwender in die Pfanne. Brate sie für ca. 5 Minuten an und wende sie dabei 1–2-mal vorsichtig, so entwickeln sich die für den Geschmack verantwortlichen Röstaromen. Sobald die Kartoffeln eine schöne Bräune entwickelt haben, den restlichen Bärlauch dazugeben, die Pfanne ein paar Mal schwenken und noch ca. 1 Minute weiterbraten. Mit Salz und Pfeffer würzen und gemeinsam mit dem Dip servieren.

Bratkartoffeln mal anders ...

Deine Einkaufsliste

bit.ly/3DbGn4R

Außerhalb der Bärlauchsaison kannst du den Bärlauch durch glatte Petersilie oder gemischte Kräuter ersetzen.

RÜHREI mit Bärlauch

15 MIN | 5 MIN | 10 MIN

DU BRAUCHST

50 g Bärlauch
6 Eier, Größe M
125 ml Milch
Salz
Pfeffer
1 EL Butter
Chiliflocken

SO GEHT'S

1. Den Bärlauch waschen und gut trocken tupfen. Dann in feine Streifen schneiden. Dabei Blätter und Stiele verwenden.
2. Schlage die Eier in ein Gefäß, gib Milch, Salz und Pfeffer dazu und verquirle alles gut mit einer Gabel.
3. Erhitze die Butter in einer beschichteten Pfanne auf mittlerer Stufe und dünste den Bärlauch darin ca. 1 Minute an.
4. Das Eier-Milch-Gemisch zugeben und mit dem Pfannenwender immer wieder durchrühren und wieder stocken lassen. Das Ganze dauert ca. 5 Minuten. Zum Schluss mit Chiliflocken garnieren.

Deine Einkaufsliste
bit.ly/3QPcHxn
Bärlauch macht den Unterschied!
Lust auf ein herzhaftes Frühstück? Schmeckt aber auch zwischendurch als schneller Snack mit einem Brot.

LIEBLINGSPASTA mit Linsenbolognese

30 MIN | 15 MIN | 15 MIN

DU BRAUCHST

1 kleine Karotte

1 Stange Staudensellerie

1 kleine Zwiebel

1 Knoblauchzehe

2 getrocknete Tomaten in Öl

1 EL Pflanzenöl

3 EL Tomatenmark

80 g rote Linsen

ca. 130 ml Gemüsebrühe

200 g stückige Tomaten aus der Dose

½ TL getrockneter Thymian

½ TL getrockneter Oregano

1 Lorbeerblatt

250 g Nudeln, wie z. B. Linguine oder Spaghetti

Salz

Zucker

Parmesan

SO GEHT'S

1. Zuerst wäschst du das Gemüse gründlich und lässt es gut abtropfen.

2. Danach ziehst du Zwiebel und Knoblauch ab und hackst beides. Staudensellerie in Ringe schneiden und Karotte klein würfeln.

3. Die Tomaten in Öl abtropfen lassen, dabei das Öl auffangen und die Tomaten in Streifen schneiden. Gib das Öl der getrockneten Tomaten gemeinsam mit dem Pflanzenöl in einen Topf und erwärme es bei mittlerer Hitze. Zwiebel darin bei mittlerer Hitze andünsten. Tomaten, Sellerie, Knoblauch und Karotten zugeben und ca. 3 Minuten mitbraten.

4. Das Tomatenmark zugeben, umrühren und für ca. 1 Minute mitbraten. Linsen, Gemüsebrühe, stückige Tomaten und Gewürze zugeben und für ca. 15 Minuten köcheln lassen, bis die Linsen weich sind. Rühre dabei gelegentlich um.

5. Einen großen Topf mit Wasser zum Kochen bringen, gut salzen und die Nudeln bissfest kochen. In ein Sieb abgießen und abtropfen lassen. 3 EL vom Kochwasser auffangen und zur Linsenbolognese geben.

6. Das Lorbeerblatt entfernen und die Sauce mit Salz und einer Prise Zucker würzig abschmecken.

7. Nudeln und Sauce auf 2 Teller verteilen und mit geriebenem Parmesan bestreut servieren.

Deine Einkaufsliste

bit.ly/3Fd6GrV

FETA FRIED EGGS
mit Paprika-Salsa

20 MIN | 10 MIN | 10 MIN

DU BRAUCHST

Für die Paprika-Salsa

1 rote Paprika

1 kleine Schalotte

2 Zweige Basilikum

1 EL Honig

2 EL weißer Balsamico oder Weißweinessig

1 EL Olivenöl

Salz

bunter Pfeffer

SO GEHT'S

1. Für die Paprika-Salsa die gewaschene Paprika halbieren, entkernen und in feine Würfel schneiden. Die Schalotte abziehen und ebenso fein würfeln. Die Basilikumblättchen in Streifen schneiden und mit den Schalotten und Paprika in eine Schüssel geben. Honig, Essig, Öl, etwas Salz und bunten Pfeffer glattrühren und mit den Paprikawürfeln vermischen. Bis zum Servieren beiseitestellen.

2. Die Feta Fried Eggs bereitest du am besten parallel in 2 kleinen Pfannen zu, alternativ geht es natürlich auch nacheinander. Zuerst brätst du die Tortillas bei mittlerer Hitze in einer beschichteten Pfanne ohne Fett für ca. 1 Minute beidseitig an. Danach leg sie beiseite.

3. Den Feta in der Pfanne grob zerkrümeln und in der Mitte ein Loch frei lassen. Bei mittlerer Hitze schmelzen lassen, bis der Rand außen knusprig braun wird.

4. Gib die Butter in die Mitte und schlag das Ei in das Loch. Das Ganze lässt du einige Minuten bei geschlossenem Deckel braten. Das Eiweiß sollte fest und das Eigelb noch leicht flüssig sein.

Weiter geht's auf der nächsten Seite

Deine Einkaufsliste

bit.ly/3DyEnnb

DU BRAUCHST

Für das Grundrezept Feta Fried Eggs

2 Mini-Tortillas

180 g Feta

2 TL Butter

2 Eier, Größe M

½ Avocado

1 TL Zitronensaft

Salz

Pfeffer

WEITER GEHT'S

5 Die Avocado mit einem Löffel aus der Schale in ein Schüsselchen geben. Mit einer Gabel zerdrücken und sofort den Zitronensaft dazugeben. So verhinderst du, dass sich die Avocado braun verfärbt. Mit Salz und Pfeffer würzen und auf die Tortillas streichen.

6 Das Feta-Ei kurz abkühlen lassen, damit der Käse fest wird, auf den Tortilla-Fladen legen, zusammenklappen und mit der Paprika Salsa servieren.

Variante 1: mit Pilzen

Gib den Feta nach dem Grundrezept in die Pfanne. Gleichzeitig gibst du pro Portion 2 geviertelte Champignons in die Mitte und brätst sie mit. Danach weitermachen wie im Grundrezept beschrieben.

Variante 2: mit Pesto

Gib den Feta nach dem Grundrezept in die Pfanne und brate ihn, bis er außen eine braune Kruste bildet. Danach gibst du pro Portion 1–2 Esslöffel Pesto in die Mitte und schlägst gleich das Ei darüber. Danach weitermachen wie im Grundrezept beschrieben.

Setz noch einen drauf und genieße dein Feta-Fried-Egg mit folgenden Toppings:

- vegetarische Speckwürfel
- gewürfelte Cherrytomaten
- gehackte Kräuter wie z. B. Schnittlauch oder Petersilie
- für Furchtlose: Chiliflocken oder Harissa
- gehackte Frühlingszwiebel

TAGLIATELLE al limone

20 MIN | 10 MIN | 10 MIN

DU BRAUCHST

250 g Tagliatelle oder breite Nudeln, z. B. Bandnudeln

2 kleine Knoblauchzehen

¼ Bund glatte Petersilie

Saft und Abrieb von ½ Bio-Zitrone

20 g Parmesan + etwas zum Servieren

2 EL Olivenöl extra nativ

100 ml Sahne

Salz

Pfeffer

Chiliflocken zum Bestreuen

SO GEHT'S

1. Erhitze einen großen Topf mit Wasser und salze das Wasser gut (das Wasser sollte angenehm salzig schmecken). Dann kochst du die Tagliatelle laut Packungsbeilage al dente.

2. Fange kurz vor Ende der Kochzeit vom Kochwasser ca. 150 ml auf und stelle es beiseite.

3. Inzwischen kannst du den Knoblauch schälen und fein hacken. Die Petersilie waschen, trocken schütteln, fein hacken und den Parmesan reiben.

4. Das Olivenöl in einer breiten Pfanne bei mittlerer Hitze erwärmen und den Knoblauch kurz farblos andünsten. Mit dem Kochwasser ablöschen und mit Zitronensaft und Sahne aufgießen. Den Zitronenabrieb zugeben, kurz aufkochen und für ca. 2 Minuten verkochen lassen. Zum Schluss die Petersilie und den Parmesan untermengen.

5. Die Nudeln in ein Sieb abgießen und kurz abtropfen lassen. Danach in die Sauce geben und mit 2 Löffeln gut durchmischen. Mit Salz und Pfeffer würzig abschmecken und mit Parmesan und Chiliflocken bestreut servieren und sofort essen.

Deine Einkaufsliste

bit.ly/43ppYUY

VEGGIE-DÖNER

mit Räuchertofustreifen

30 MIN | 15 MIN | 15 MIN

DU BRAUCHST

Für den Döner

1 kleine Zucchini (oder eine halbe nehmen)

1 kleine Aubergine (oder eine halbe nehmen)

1 Mini-Gurke

2 Tomaten

1 Karotte

1 rote Zwiebel

1 Frühkartoffel

4 Blätter Eisbergsalat

200 g Räuchertofu

2 EL Sojasauce

4 EL Pflanzenöl

½ TL Paprika edelsüß

½ TL gemahlener Kreuzkümmel

½ TL getrockneter Oregano

Salz

Pfeffer

2 Fladenbrote mit Tasche

SO GEHT'S

1. Das Gemüse waschen, abtropfen lassen und putzen.
2. Die Zwiebel schälen und in feine Ringe schneiden. Zucchini und Karotte in dünne Ringe schneiden. Das geht sehr gut mit einem Gemüsehobel. Aubergine in kleine Würfel schneiden.
3. Die Frühkartoffel halbieren und zuerst in Streifen und dann in ca. 0,5 cm kleine Würfel schneiden.
4. Den Salat in Streifen schneiden und die Gurke der Länge nach mit einem Gemüsehobel in Streifen hobeln. Die Tomaten halbieren und in Scheiben schneiden.
5. Lass den Räuchertofu abtropfen und tupfe ihn mit Küchenpapier trocken. Schneide ihn in Streifen und vermenge ihn mit 1 Esslöffel Sojasauce, sodass er rundum benetzt ist.
6. 3 Esslöffel Öl in einer breiten Pfanne erhitzen und zuerst die Kartoffeln für ca. 3 Minuten scharf anbraten und immer wieder umrühren. Danach die Karotten zugeben und ebenso 3 Minuten mitbraten und umrühren. Dann die Zwiebel, Zucchini und Aubergine zugeben und mitbraten, bis das Gemüse schöne Röstaromen gebildet hat.

Weiter geht's auf der nächsten Seite

Deine Einkaufsliste

bit.ly/3DmzRIq

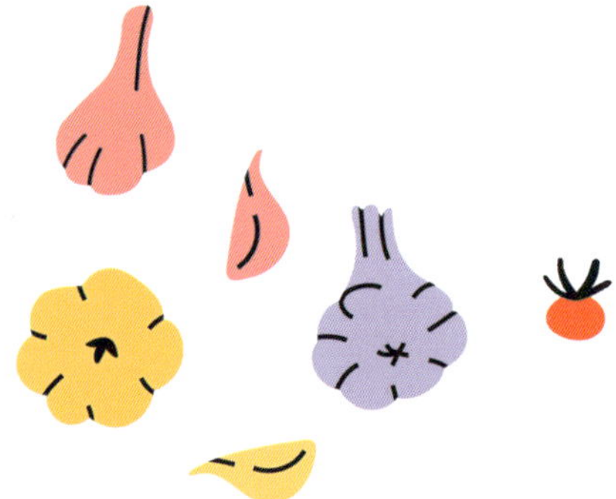

DU BRAUCHST

Für die Knoblauchsauce

125 g griechischer Joghurt

2 EL Mayonnaise

1 Knoblauchzehe

2 EL gemischte frische Kräuter

Salz

WEITER GEHT'S

7 Paprikapulver, Kreuzkümmel und Oregano mit 1 Esslöffel Sojasauce verrühren und unter das fertig angebratene Gemüse mischen. Mit Salz und Pfeffer abschmecken und zur Seite stellen.

8 Den Räuchertofu in 1 Esslöffel Öl in einer Pfanne rundum anbraten, bis er angebräunt ist. Das dauert ca. 2 Minuten.

9 Für die Knoblauchsauce den Joghurt mit der Mayonnaise glattrühren. Den Knoblauch dazu pressen, die Kräuter hacken und zugeben und mit Salz würzig abschmecken.

10 Das Gemüse, den Räuchertofu sowie den Salat, die Tomatenscheiben und Gurkenstreifen auf die Fladenbrote aufteilen. Einen Klecks Knoblauchsauce draufgeben und genießen.

Frühkartoffeln kann man mit der Schale verwenden. Bekommst du keine Frühkartoffel, nimm eine festkochende Kartoffel, die du zuvor schälst.

VEGGIE-CURRY mit Couscous

30 MIN | 10 MIN | 20 MIN

DU BRAUCHST

Für das Curry

1 Frühlingszwiebel

3 Mini-Paprika oder 1 große rote Paprika

½ Brokkoli

½ TL Kreuzkümmelsaat

½ TL Kardamomkapseln

1 EL Pflanzenöl

1–2 EL mildes Currypulver

200 ml Kokosmilch

100 ml Gemüsebrühe

50 g Erbsenschoten

Salz

ein paar Zweige Koriander, nach Belieben

Für den Couscous

100 g Couscous

150 ml Gemüsebrühe

Salz

SO GEHT'S

1. Das Gemüse waschen und putzen. Die Frühlingszwiebel in Ringe schneiden. Die Paprikaschote würfeln und den Brokkoli in Röschen teilen. Den Brokkolistrunk klein würfeln.
2. Zerstoße Kreuzkümmel und Kardamom in einem Mörser, bis die Gewürze fast pulverisiert sind.
3. Erhitze das Öl in einer Pfanne und brate Kreuzkümmel, Kardamom und Currypulver bei mittlerer Hitze für ca. 30 Sekunden an, bis alles zu duften beginnt. Mit der Kokosmilch und der Gemüsebrühe ablöschen.
4. Danach den Brokkoli zugeben und insgesamt 10 Minuten zugedeckt köcheln lassen. Zwischendurch umrühren. Nach 5 Minuten Frühlingszwiebel und Paprika zugeben und mitkochen. Nach 8 Minuten die Erbsenschoten zugeben. Wenn die Sauce sehr dick ist, etwas Wasser dazugießen. Mit Salz abschmecken.
5. Den Couscous mit der heißen Gemüsebrühe übergießen und 10 Minuten zugedeckt ziehen lassen. Mit Salz abschmecken.
6. Anrichten und mit Korianderblättchen bestreut servieren.

Deine Einkaufsliste

bit.ly/3QNN2oP

Verwende nach Möglichkeit immer ganze Gewürze anstelle von bereits gemahlenen und mahle sie erst kurz vor der Verwendung im Mörser oder mit einer Gewürzmühle. So werden die für den Geschmack wichtigen ätherischen Öle erst beim Mahlen freigesetzt. Nach dem Mahlen verflüchtigt sich das Aroma recht schnell und man hat einen deutlichen Qualitätsverlust.

BAKED FETA PASTA mit Cherrytomaten

35 MIN | 5 MIN | 30 MIN

DU BRAUCHST

- 350 g Cherrytomaten
- 2 Tomaten in Öl, Abtropföl auffangen und mitverwenden
- 3 EL Olivenöl
- 200 g Feta
- 3 Knoblauchzehen
- 5 Zweige Thymian
- Salz
- Pfeffer
- 250 g Pasta, z. B. Farfalle oder Fusilli
- 1 Handvoll frisches Basilikum
- Parmesan nach Geschmack

SO GEHT'S

1. Heize den Ofen auf 180 °Grad Umluft oder 200 °C Ober-/Unterhitze vor.
2. Wasche die Cherrytomaten und halbiere sie. Die Tomaten in Öl schneidest du in Streifen.
3. Verteile 1 Esslöffel Olivenöl und das Abtropföl in einer kleinen Auflaufform. Lege den Feta in die Mitte der Form und verteile die frischen Tomaten und die eingelegten Tomaten ringsum. Dann presst du den Knoblauch, verteilst ihn über den Tomaten und steckst die Thymianzweige locker in die Tomaten.
4. Zum Schluss gießt du das restliche Olivenöl (2 Esslöffel) über den Feta und die Tomaten. Etwas salzen und pfeffern und mit einem Löffel die Tomaten locker vermischen. Das Ganze kommt für ca. 25 Minuten auf der mittleren Schiene in den Ofen.
5. Inzwischen bringst du einen großen Topf mit Wasser zum Kochen, salzt es mit 2 Esslöffel Salz und kochst die Pasta nach Packungsanleitung al dente. Bevor du die al dente gekochte Pasta in ein Sieb abgießt, nimm ca. 5 Esslöffel Kochwasser ab und stelle es beiseite.
6. Dann die Tomaten aus dem Ofen nehmen, die Pasta dazugeben und untermischen. Je nach Konsistenz etwas vom Kochwasser dazugeben. So wird die Sauce schön sämig.
7. Mit Parmesan bestreuen und mit Basilikum garnieren.

Deine
Einkaufsliste
bit.ly/4h8QsND
Einfach saulecker!
Du kennst bestimmt dieses TikTok-Rezept, das viral ging. Dazu kann man einfach nur sagen „saulecker". Du wirst sehen, dieses Gericht kochst du nicht nur einmal.

Cremige ZUCCHINI-KAROTTENSUPPE

25 MIN | 10 MIN | 15 MIN

DU BRAUCHST

- 1 mittlere Zwiebel
- 2 kleine Zucchini, ca. 400 g
- 2 Karotten, ca. 200 g
- 500 ml Gemüsebrühe
- 1 EL Öl
- 1 TL Kreuzkümmel
- 1 TL Kurkuma
- 200 ml Kokosmilch
- 1 EL Zitronensaft
- Salz
- ein paar Blättchen Koriander zur Deko

SO GEHT'S

1. Die Zwiebel schälen und in kleine Würfel schneiden. Zucchini und Karotten waschen, trocknen und vom Strunk befreien. Danach die Karotten schälen und in ca. 1 cm und die Zucchini in ca. 2 cm große Würfel schneiden.
2. In der Zwischenzeit die Gemüsebrühe erhitzen.
3. Das Öl in einem Suppentopf erhitzen, Kreuzkümmel und Kurkuma bei mittlerer Hitze unter Rühren für ca. 30 Sekunden anbraten, bis die Gewürze anfangen zu duften. Das Gemüse zugeben, umrühren, mit der Gemüsebrühe aufgießen und ca. 15 min kochen, bis das Gemüse weich ist.
4. Die Kokosmilch zugeben und die Suppe mit einem Pürierstab mixen. Zum Schluss mit dem Zitronensaft und Salz abschmecken. Mit ein paar Blättchen Koriander garnieren und servieren.

Deine Einkaufsliste

bit.ly/4iuUwsF

An manchen Tagen braucht man einfach einen Seelenwärmer. Diese Suppe ist ein Tröster, wenn mal wieder nichts so läuft wie es soll.

PFANNENBROT
mit Feta, Rucola und Tomaten

20 MIN | 15 MIN | 5 MIN

DU BRAUCHST

Für das Pfannenbrot

175 g Mehl, Type 550 + etwas Mehl für die Arbeitsfläche

½ TL Backpulver

140 g Joghurt 3,6 %

1 TL Salz

1 EL Butter zum Braten in der Pfanne

Für die Fetacreme

80 g Frischkäse

80 g Feta

80 g griechischer Joghurt 10 %

1 EL Olivenöl extra nativ

Salz

Für das Topping

1 Handvoll Rucola

8 Cherrytomaten

etwas Olivenöl extra nativ zum Beträufeln

frisch gemahlener Pfeffer

SO GEHT'S

1. Für das Pfannenbrot vermischst du das Mehl mit dem Backpulver in einer Schüssel. Gib Joghurt und Salz dazu und verknete alles zusammen mit den Händen kurz zu einem glatten Teig.

2. Teile den Teig in 4 gleich große Stücke auf. Diese rollst du jeweils mit einem Nudelholz auf einer bemehlten Arbeitsfläche zu 0,5 mm dicken Fladen aus. Klopf das überschüssige Mehl locker ab.

3. Die Butter in einer Pfanne bei mittlerer Hitze erwärmen und die Fladen pro Seite ca. 2 Minuten braten, bis sie eine schöne Bräunung bekommen haben.

4. Für die Fetacreme gibst du alle Zutaten in einen Cutter und mixt sie cremig. Mit Salz würzig abschmecken.

5. Für den Belag wäschst du den Rucola und schleuderst ihn trocken. Danach wäschst du die Tomaten, tupfst sie trocken und schneidest sie in Scheiben.

6. Zum Schluss bestreichst du die Pfannenbrote mit der Fetacreme und belegst sie mit Rucola und den Tomatenscheiben. Träufle etwas Olivenöl drüber und gibt, wenn du magst, frisch gemahlenen Pfeffer drüber.

Deine Einkaufsliste

bit.ly/4ia5ioq

Das Pfannenbrot passt auch super zu Salaten, Grillgemüse oder einfach mal mit Hummus.

INSTANT SOUP to go

15 MIN | 10 MIN | 5 MIN

DU BRAUCHST

für 2 Gläser à 500 ml

2 Stangen Sellerie

100 g Karotten

2 Frühlingszwiebeln

2 Kräuterseitlinge oder Champignons

2 TL gekörntes Gemüsebrühpulver

2 TL Sojasauce

100 g Glasnudeln oder Mie-Nudeln

50 g TK-Erbsen

2 EL Sprossen, z. B. Sojasprossen

1 Handvoll Babyspinat

SO GEHT'S

1. Da die Zutaten nicht gekocht, sondern nur mit heißem Wasser übergossen werden, sollten sie sehr klein geschnitten sein.
2. Sellerie putzen und die Stangen in feine Ringe schneiden. Karotten putzen und raspeln. Frühlingszwiebeln in feine Ringe schneiden. Die Kräuterseitlinge in dünne Scheiben schneiden.
3. Nimm zwei hitzebeständige und verschließbare Gläser mit einer Füllmenge von je 500 ml. Schichte jeweils die Hälfte der Zutaten in ein Glas.
4. Zum Beispiel so: Beginne mit dem Gemüsebrühpulver und der Sojasauce. Danach kommen Karotten, Sellerie, Nudeln, Pilze, Erbsen, Frühlingszwiebel, Sojasprossen und Spinat.
5. Vor dem Essen musst du das Glas nur mehr mit kochend heißem Wasser auffüllen, umrühren, verschließen und 7 Minuten ziehen lassen. Und schon kann gegessen werden.

Deine Einkaufsliste

bit.ly/3DaGr4V

Instantsuppe ganz ohne Plastik!

Nimm das Glas mindestens 1 Stunde vor dem Essen aus dem Kühlschrank, damit es dann die optimale Temperatur hat.

SALATE und GESUNDES

ZUCCHINIPUFFER
mit Schnittlauchdip

30 MIN 20 MIN 10 MIN

DU BRAUCHST

Für den Schnittlauchdip

100 g Schmand

1 EL Schnittlauchröllchen

½ EL Olivenöl extra nativ

1 Spritzer Zitronensaft

Salz

Pfeffer

Für die Zucchinipuffer

250 g Zucchini

½ rote Paprika

2 Knoblauchzehen

20 g Parmesan

50 g Mehl

35 g Semmelbrösel

1 Ei

Salz

Pfeffer

Pflanzenöl zum Ausbacken

SO GEHT'S

1. Für den Dip verrührst du alle Zutaten miteinander und schmeckst ihn mit Salz und Pfeffer ab.
2. Die Zucchini waschen, mit der groben Seite einer Reibe in eine Schüssel reiben und die Masse etwas auspressen. Die Paprika waschen und fein würfeln. Den Knoblauch schälen, pressen und mit den Paprikawürfeln zu den Zucchini geben. Den Parmesan reiben und zugeben.
3. Vermische die Gemüsemischung mit Mehl, Bröseln und Ei und würze alles mit Salz und Pfeffer.
4. Erhitze das Öl in einer großen beschichteten Pfanne und setze mit einem großen Löffel Häufchen in die Pfanne. Drücke diese mit dem Löffelrücken zu Puffern platt und brate sie von beiden Seiten für einige Minuten. Lasse sie kurz auf Küchenkrepp abtropfen und serviere sie mit dem Schnittlauchdip.

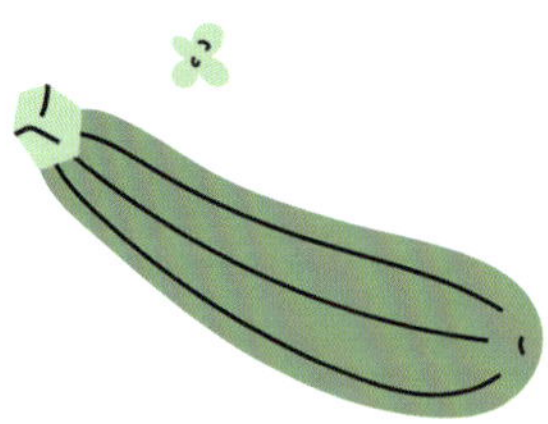

Deine Einkaufsliste

bit.ly/3Dcz50K

Ein knackiger Salat rundet das leckere Essen ab.

OFENKÜRBIS mit Feta

30 MIN | 10 MIN | 20 MIN

DU BRAUCHST

Für den Kürbis

1 kleiner Hokkaido-Kürbis (ca. 700 g)

3 Zweige Oregano

2 EL Olivenöl

½ EL Zitronensaft

Salz

Pfeffer

100 g Feta

20 g grob gehackte Kürbiskerne

Für das Kürbiskernöldressing

1 EL Honig

1 EL Estragonsenf

2 EL Aceto balsamico

2 EL Sojasauce

3 EL Kürbiskernöl

SO GEHT'S

1. Heize den Backofen auf 200 °C Umluft vor und belege ein Backblech mit Backpapier.
2. Wasche den Kürbis, halbiere ihn und schabe mit einem Löffel die Kerne heraus. Wasche den Oregano, schüttle ihn trocken und hacke ihn grob.
3. Den Kürbis in 2 cm dicke Spalten schneiden und auf das Backblech legen. Das Olivenöl mit dem Zitronensaft verrühren, den Oregano zugeben, den Kürbis damit bestreichen und etwas salzen und pfeffern. Im Ofen (Mitte) ca. 20 Minuten backen.
4. Brösle den Feta mit den Fingern grob über die Kürbisspalten und bestreue den Kürbis mit den Kürbiskernen. Alle Zutaten für das Kürbiskernöldressing miteinander verrühren und alles damit beträufeln.

Deine Einkaufsliste

bit.ly/3DibN9H

Wenn du den Feta lieber warm magst, kannst du ihn auch gleich mitbacken.

Das Kürbiskernöldressing hält sich im Kühlschrank 1 Woche und kann auch für andere Salate verwendet werden.

Knusprige AUBERGINEN

30 MIN | 5 MIN | 25 MIN

DU BRAUCHST

Für die Auberginen

2 mittelgroße Auberginen

½ Bund glatte Petersilie

Salz

½ EL Zitronensaft

3 EL Olivenöl

Pfeffer

1 TL Dukkah (arabische Gewürzmischung)

etwas Olivenöl extra nativ zum Servieren

Für das Linsenpüree

100 g rote Linsen

½ EL Butter

Salz

Für den Joghurt-Dip

100 g griechischer Joghurt

½ TL Zitronensaft

½ Knoblauchzehe

½ EL Olivenöl extra nativ

Salz

Pfeffer

SO GEHT'S

1. Heize den Ofen auf 210 °C Umluft vor und belege ein Backblech mit Backpapier.
2. Die Auberginen und die Petersilie waschen und trocknen. Die Petersilie grob hacken. Die Auberginen in ca. 2,5 cm große Stücke schneiden.
3. Nimm eine breite Schüssel und vermenge darin Salz, Zitronensaft und Olivenöl. Gib die Auberginen dazu und hebe sie mit einem Löffel unter, sodass sie rundum mit der Flüssigkeit benetzt sind.
4. Verteile die Auberginen großzügig auf dem Backblech und gare sie für ca. 25 Minuten im Ofen, bis sie außen knusprig und innen cremig weich sind.
5. Setze inzwischen einen Topf mit ca. 200 ml Wasser auf und koche die Linsen darin ca. 10 Minuten weich (Packungsbeilage beachten). Sobald die Linsen weich sind, rührst du die Butter ein und schmeckst die Linsen mit Salz ab.
6. Für den Dip alle Zutaten verrühren, Knoblauch hineinpressen und mit Salz abschmecken.
7. Gib nach dem Backen die noch heißen Auberginen zurück in die Schüssel und vermenge sie mit der gehackten Petersilie. Mit Salz, Pfeffer und Dukkah abschmecken.
8. Die Aubergine auf dem Linsenpüree anrichten und mit dem Dip und etwas Olivenöl servieren.

Deine Einkaufsliste

bit.ly/3QOFvWQ

Mit einer Vorbereitung von nur 5 Minuten kannst du dich entspannt zurücklehnen. Den Rest erledigt der Ofen für dich.

SELLERIESCHNITZEL

mit Apfel-Karotten-Coleslaw

30 MIN | 20 MIN | 10 MIN

DU BRAUCHST

Für den Apfel-Karotten Coleslaw

160 g Karotten

130 g Äpfel

Saft von ½ Zitrone

60 g Crème fraîche

1 EL körniger Senf

1 ½ EL Mayonnaise

Salz

Pfeffer

Für die Sellerieschnitzel

200 g Knollensellerie

1 Ei, Größe M

50 g geriebener Parmesan

15 g Mehl

Salz

2 EL Pflanzenöl zum Ausbacken

etwas Kresse oder andere frische Kräuter zum Garnieren

SO GEHT'S

1. Die Karotten und Äpfel waschen, schälen und putzen. Beides mit einer groben Reibe reiben und sofort mit dem Zitronensaft beträufeln. Crème fraîche mit dem Senf und der Mayonnaise verrühren und mit den geriebenen Karotten und Äpfeln vermischen. Mit Salz und Pfeffer abschmecken und bis zum Servieren im Kühlschrank ziehen lassen.

2. Schäle den Sellerie sauber und schneide ihn in ca. 3–4 mm dicke Scheiben. Schlage das Ei auf einem tiefen Teller auf, verquirle es und verrühre es mit dem Parmesan zu einer dicken Masse. Gib Mehl in einen weiteren Teller.

3. Salze die Sellerieschеiben leicht und wende sie zuerst in Mehl. Klopfe das überschüssige Mehl leicht ab und ziehe die Scheiben durch die Parmesan-Ei-Panade.

4. Das Öl in einer beschichteten Pfanne erhitzen und die Sellerieschnitzel darin bei mittlerer Hitze von beiden Seiten braten, bis sie eine schöne Bräune haben. Mit dem Coleslaw und frischen Kräutern servieren.

Deine Einkaufsliste

bit.ly/4iuqO70

Der Coleslaw schmeckt noch besser, wenn er ein paar Stunden im Kühlschrank durchziehen kann. Du kannst also gleich mehr machen und ihn am nächsten Tag nochmal genießen.

BROKKOLI-BRATLINGE mit Kräuterquark

30 MIN 20 MIN 10 MIN

DU BRAUCHST

Für die Brokkoli-Bratlinge

250 g Brokkoli
1 Knoblauchzehe
1 Frühlingszwiebel
Salz
60 g Schafskäse
1 Ei, Größe M
40 g Semmelbrösel
60 g Quark
Pfeffer
Öl zum Ausbacken

Für den Kräuterquark

2 Eier, Größe M
100 g Quark
25 g Schmand
½ TL Senf
2 EL Schnittlauchröllchen
Salz
Pfeffer

SO GEHT'S

1. Den Brokkoli putzen, in Röschen teilen und den Strunk schälen und in Würfel schneiden. Den Knoblauch schälen und fein hacken. Die Frühlingszwiebel waschen und putzen.
2. Koche den Brokkoli in Salzwasser gar und gieße anschließend das Wasser ab. Lasse den Brokkoli etwas abkühlen und schneide ihn in kleine Würfel. Währenddessen die beiden Eier für den Kräuterquark in 10 Minuten hart kochen. Dann abschrecken und auskühlen lassen.
3. Schneide die Frühlingszwiebel in kleine Röllchen und zerbrösle den Schafskäse grob. Gib Frühlingszwiebel und Schafskäse mit den restlichen Zutaten für die Bratlinge zum Brokkoli und vermische alles gut. Forme aus der Masse Bratlinge und backe diese in einer heißen Pfanne mit Öl aus. Auf Küchenpapier abtropfen lassen.
4. Für den Kräuterquark die hart gekochten Eier schälen und in kleine Würfel hacken.
5. Den Quark mit dem Schmand glattrühren und mit den restlichen Zutaten vermengen. Mit Salz und Pfeffer würzig abschmecken.

Deine Einkaufsliste
bit.ly/3QN1Ofs
Perfekt für heiße Tage

Teriyaki-GEMÜSEPFANNE

25 MIN | 15 MIN | 10 MIN

DU BRAUCHST

Für das Pfannengemüse

2 Frühlingszwiebeln

1 mittelgroße Zucchini

200 g Kräuterseitlinge

½ EL Pflanzenöl

1 ½ EL Pinienkerne

1 Schuss Teriyaki-Sauce zum Ablöschen

Für das Bohnenpüree

1 Knoblauchzehe

1 Frühlingszwiebel

1 Zweig Thymian

½ EL Olivenöl

1 Dose weiße Bohnen, ca. 240 g Abtropfgewicht (zum Beispiel Cannellini)

75 ml Gemüsebrühe

Salz

Pfeffer

½ EL Olivenöl extra nativ zum Servieren

SO GEHT'S

1. Das Gemüse waschen, putzen und trocknen. Die Kräuterseitlinge mit der Gemüsebürste abbürsten, aber nicht waschen.
2. Frühlingszwiebeln in Ringe und die Zucchini in ca. 3 mm dicke Scheiben schneiden. Die Kräuterseitlinge in Scheiben schneiden.
3. Erhitze das Öl in einer Pfanne und brate die Frühlingszwiebel darin rundum an. Gib die Zucchini zu und brate beides für ca. 3 Minuten weiter. Dann gibst du die Kräuterseitlinge und die Pinienkerne dazu und lässt alles für weitere 2 Minuten braten, damit das Gemüse eine schöne Bräunung bekommen kann. Mit der Teriyaki-Sauce ablöschen und kurz verkochen lassen. Mit Pfeffer würzen und wenn nötig noch salzen.
4. Für das Bohnenpüree den Knoblauch schälen und fein hacken. Die Frühlingszwiebel in Ringe schneiden. Thymian waschen und trocken schütteln.
5. Erhitze das Olivenöl in einem Topf und brate die Frühlingszwiebel mit dem Knoblauch bei mittlerer Hitze kurz an. Gib die Bohnen und die Thymianzweige dazu, gieße mit der Gemüsebrühe auf und lasse alles ca. 3 Minuten verkochen. Entferne den Thymian und püriere das Bohnenpüree mit dem Stabmixer. Schmecke es mit Salz und Pfeffer ab und beträufle es mit dem Olivenöl.
6. Richte das Gemüse auf dem Bohnenpüree an.

Deine Einkaufsliste

bit.ly/4i7pgQB

Mit Asia-Touch – so lecker!

Die Würze bekommt das Pfannengemüse von der Teriyaki-Sauce. Dafür kannst du auch Shoju verwenden. Beides bekommst du sogar im Drogeriemarkt. Es klappt aber auch mit einer herkömmlichen Sojasauce.

SÜSSKARTOFFELSUPPE

mit Karotten und Ingwer

25 MIN | 5 MIN | 20 MIN

DU BRAUCHST

1 kleine Zwiebel
1 Knoblauchzehe
300 g Süßkartoffeln
2 mittelgroße Karotten
1 kleiner Apfel
10 g Ingwer
½ EL Pflanzenöl
1 TL mildes Currypulver
½ TL Kurkuma
500 ml heiße Gemüsebrühe
50 g Saure Sahne
Salz
Pfeffer

SO GEHT'S

1. Zwiebel und Knoblauch schälen und würfeln. Die Süßkartoffeln schälen und grob würfeln. Die Karotten waschen und würfeln. Den Apfel vom Kerngehäuse befreien und grob würfeln. Den Ingwer schälen.

2. Erhitze das Öl in einem Topf und dünste die Zwiebel darin glasig an. Gib den Knoblauch dazu und dünste ihn kurz mit. Gib dann die Süßkartoffel- und Karottenwürfel sowie Currypulver und Kurkuma dazu und rühre alles gut um. Reibe den Ingwer und gib ihn ebenfalls in den Topf. Gieße mit der heißen Gemüsebrühe auf und lasse die Suppe für ca. 15 Minuten köcheln.

3. Gib danach die Apfelstücke zu und lasse alles für weitere 5 Minuten köcheln. Anschließend pürierst du die Suppe mit dem Stabmixer. Rühre die Saure Sahne ein und schmecke mit Salz und Pfeffer ab.

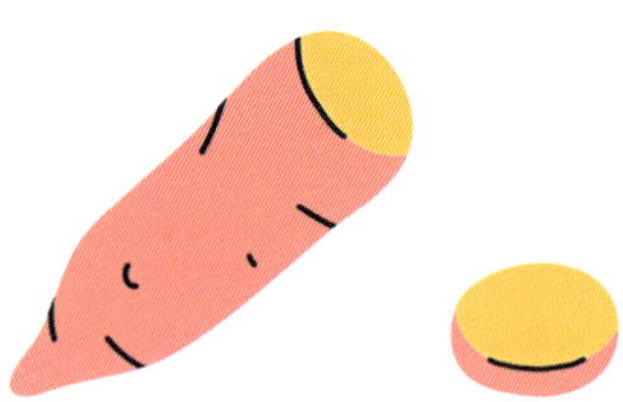

Deine Einkaufsliste

bit.ly/41rVC1r

Verwende nur heiße Gemüsebrühe zum Aufgießen. Mit dem Wasserkocher einfach Wasser aufkochen, Suppe damit aufgießen und Instantpulver reinrühren. So kocht die Suppe schneller auf und ist auch rascher fertig.

TOMATENSUPPE mit Knusperbrot

30 MIN | 5 MIN | 25 MIN

DU BRAUCHST

Für die Suppe

1 kleine Zwiebel

3 Knoblauchzehen

½ EL Pflanzenöl

2 Dosen Cherrytomaten à 400 g

250 ml Gemüsebrühe

1 kleiner Zweig Rosmarin

½ TL getrockneter Thymian

100 ml Sahne

Salz

Pfeffer

Für das Brot

½ TL Butter

2 Scheiben Brot vom Vortag

SO GEHT'S

1. Schäle Zwiebel und Knoblauch und hacke die Zwiebel in kleine und den Knoblauch in grobe Würfel. Erhitze das Pflanzenöl in einem Topf und dünste die Zwiebel darin an. Sobald die Zwiebel Farbe angenommen hat, gibst du den Knoblauch dazu und brätst ihn unter Rühren kurz mit. Gib die Dosentomaten dazu und zerdrück sie grob mit dem Kochlöffel. Gieß alles mit der Gemüsebrühe auf, gib Rosmarin und Thymian dazu und lasse das Ganze ca. 25 Minuten bei offenem Topf köcheln.

2. Inzwischen die Butter in einer Pfanne bei mittlerer Hitze schmelzen und die Brotscheiben für ein paar Minuten beidseitig rösten, bis sie knusprig sind und eine schöne Bräune bekommen haben.

3. Entferne den Rosmarinzweig. Mixe die Suppe mit einem Pürierstab und gieß mit der Sahne auf. Schmecke die Suppe mit Salz und Pfeffer würzig ab und serviere sie mit dem Knusperbrot.

Deine Einkaufsliste

bit.ly/43pTcmy

Dein Brot ist nicht mehr ganz frisch? Prima, das Knusperbrot ist die perfekte Verwertung von altbackenem Brot und wird in der Pfanne super kross.

MINESTRONE
mit Parmesancrackern

30 MIN | 15 MIN | 15 MIN

DU BRAUCHST

70 g Knollensellerie

½ Pastinake

1 Frühlingszwiebel

1 Karotte

½ kleine Stange Lauch

½ EL Pflanzenöl

500 ml Gemüsebrühe

1 Zweig frisches Liebstöckel oder 1 EL TK-Liebstöckel

120 g Riesenbohnen aus der Dose

50 g TK-Erbsen

50 g Babyspinat

40 g geriebener Parmesan, (2 EL davon für die Parmesancracker beiseitelegen)

Salz

Pfeffer

SO GEHT'S

1. Das Gemüse waschen und putzen. Den Sellerie und die Pastinake schälen. Die Frühlingszwiebel in feine Ringe schneiden. Das Öl in einem Topf erhitzen und die Frühlingszwiebel darin farblos andünsten. Dann mit der Gemüsesuppe aufgießen und zum Kochen bringen. Liebstöckel dazugeben und mitkochen. Da die Gemüsesorten unterschiedliche Kochzeiten benötigen, gib diese bitte in der beschriebenen Reihenfolge in die Suppe. Während das eine Gemüse geschnippelt wird, kocht das vorher zugegebene bereits und das passt von den Zeiten her genau.

2. Schneide die Karotte in Scheiben und gib sie in die Suppe. Dann halbierst du den Lauch, schneidest ihn in Ringe und gibst ihn ebenfalls zur Suppe. Würfle den Sellerie und die Pastinake und gib sie als nächstes zur Suppe. Im letzten Schritt gibst du die Bohnen, die Erbsen und den Babyspinat dazu und lässt alles für weitere 3–4 Minuten kochen.

3. Erwärme eine beschichtete Pfanne und setze 2 Häufchen Parmesan in die Pfanne. Drücke sie mit dem Löffel flach. Wenn der Käse flüssig geworden ist, jedes Häufchen vorsichtig wenden und eine weitere Minute braten. In der Pfanne kurz abkühlen lassen. Sobald man die Cracker anfassen kann und sie hart werden, über einen Kochlöffel legen und kurz auskühlen lassen.

4. Den restlichen Parmesan in die Suppe geben und würzig abschmecken. Mit den Crackern garnieren und servieren.

Deine Einkaufsliste

bit.ly/43r9ITh

CAPRESE aus dem Ofen

25 MIN | 5 MIN | 20 MIN

DU BRAUCHST

500 g aromatische Cherrytomaten

2 Zweige Thymian

½ Bund Basilikum

1 EL Olivenöl extra nativ + mehr zum Anrichten

2 Kugeln Burrata

2 EL Balsamico Creme

Salz

Pfeffer

SO GEHT'S

1. Heize den Ofen auf 200 °C Umluft vor.
2. Die Tomaten waschen, trocknen und halbieren. Thymian und Basilikum waschen und trocknen.
3. Die Tomaten in eine feuerfeste Form geben und mit 1 Esslöffel des Olivenöls, etwas Salz sowie dem Thymian gut vermischen. Im heißen Ofen (Mitte) garen.
4. Die Burrata abgießen und das Basilikum von den Stängeln zupfen.
5. Sobald die Tomaten im Ofen ein wenig geschmolzen sind, diese auf 2 Teller verteilen und mit je 1 Burrata belegen. Mit Balsamico Creme und Olivenöl beträufeln und mit Salz, Pfeffer sowie den Basilikumblättchen bestreut anrichten.

Deine Einkaufsliste
bit.ly/4hecUVy
Sommer auf dem Teller!

BLATTSALAT
mit Kürbiskernen und Halloumi

20 MIN | 15 MIN | 5 MIN

DU BRAUCHST

Für den Salat

100 g gemischte Blattsalate

2 Radieschen

25 g Kürbiskerne natur

½ EL Shoju (Sojasauce)

200 g Halloumi

Pfeffer

Für das Dressing

2 ½ EL Olivenöl extra nativ

1 ½ EL Aceto balsamico

¼ TL Salz

½ EL Zitronensaft

½ EL Schnittlauch

SO GEHT'S

1. Den Salat waschen und trocken schleudern. Die Radieschen waschen, trocken tupfen und halbieren.

2. Erhitze eine Pfanne und röste die Kürbiskerne ohne Fett bei mittlerer Hitze. Schwenke dabei die Pfanne immer wieder, damit die Kürbiskerne von allen Seiten gleichmäßig bräunen können. Sobald die ersten Kürbiskerne zu platzen beginnen, die Pfanne sofort vom Herd ziehen und mit dem Shoju ablöschen. Die Pfanne einmal hin- und herschwenken, damit alle Kürbiskerne mit dem Shoju benetzt werden. Pfanne zur Seite stellen und die Kürbiskerne abkühlen lassen.

3. Nimm den Halloumi aus der Packung, tupfe ihn trocken und schneide ihn in 0,5 cm dicke Scheiben. Röste die Halloumi-Scheiben in einer Grillpfanne ohne Fett an, bis sie eine schöne Bräunung haben.

4. Für das Dressing verrührst du alle Zutaten miteinander und machst den Salat damit an. Halloumi darauflegen, mit etwas Pfeffer und den crunchy Kürbiskernen bestreuen.

Deine Einkaufsliste

bit.ly/3QOGgza

Die gerösteten Kürbiskerne sind auch eine gesunde Knabberei für zwischendurch, zum Beispiel in der Schule oder beim Sport.

Green-Goddess-SALAT

DER GESUNDE TIKTOK-STAR

15 MIN | 15 MIN | 0 MIN

DU BRAUCHST

Für den Salat

300 g Spitzkohl

½ Salatgurke

2 Frühlingszwiebeln

Für das Dressing

60 g Pinienkerne

50 g Babyspinat

1 Schalotte

1 Knoblauchzehe

1 Handvoll Basilikumblätter

1 Bund Schnittlauch

Saft von 1 Zitrone

60 ml Olivenöl extra nativ

10 g Hefeflocken

Salz

Zum Servieren

Tortilla-Chips

SO GEHT'S

1. Spitzkohl, Gurke und Babyspinat waschen und gut abtropfen lassen. Schalotte und Knoblauch abziehen und vierteln. Basilikum und Schnittlauch waschen und trocken schütteln.

2. Für den Salat halbierst du den Spitzkohl und schneidest den Strunk großzügig heraus. Schneide die Hälften anschließend in feine Streifen. Würfle die Gurke und gib alles in eine große Schüssel. Die Frühlingszwiebeln schneidest du in Ringe und gibst sie ebenso zu.

3. Für das Dressing gibst du Pinienkerne, Babyspinat, Schalotte, Knoblauch, Basilikum, Schnittlauch, Zitronensaft, Olivenöl und Hefeflocken in einen Standmixer und mixt es zu einem cremigen Dressing. Zum Schluss mit Salz würzig abschmecken. Das Dressing mit dem Salat vermischen und mit Tortilla-Chips genießen.

Deine Einkaufsliste

bit.ly/3QOFYIA

Wer glaubt, dass dieser Salat die Erfindung eines Influencers auf TikTok war, wird enttäuscht sein. Denn das Dressing wurde in Amerika bereits vor über 100 Jahren zu Ehren des bekannten Schauspielers George Arliss erfunden. Für seine schauspielerische Leistung im Stück „The Green Goddess", das später auch verfilmt wurde, erhielt er sogar eine Oscar-Nominierung.

Mediterraner NUDELSALAT

20 MIN | 10 MIN | 10 MIN

DU BRAUCHST

Für die Nudeln

125 g Orzo-Nudeln

je ½ kleine gelbe und rote Paprika

1 Frühlingszwiebel

50 g bunte Cherrytomaten

1 Zweig Basilikum

140 g gegrillte Zucchini in Öl (aus dem Glas)

1 Radieschen

Für das Dressing

1 Knoblauchzehe

2 EL Aceto balsamico

½ EL Estragonsenf

2 ½ EL Olivenöl extra nativ

Salz

Pfeffer

SO GEHT'S

1. Die Nudeln in einem großen Topf in reichlich Salzwasser bissfest garen und dann abgießen.

2. Inzwischen die Paprika putzen, waschen und in Würfel schneiden. Die Frühlingszwiebel putzen, waschen und in feine Ringe schneiden. Die Tomaten waschen und halbieren. Das Basilikum waschen, trocken schütteln, abzupfen und in grobe Stücke reißen.

3. Die Zucchini abtropfen lassen und in Streifen schneiden. Die Radieschen waschen und in Scheiben schneiden. Für das Dressing den Knoblauch schälen.

4. Gib das Gemüse und die Nudeln in eine Schüssel und vermenge alles miteinander. Für das Dressing verrührst du alle Zutaten und presst den Knoblauch dazu. Mische das Dressing unter den Salat, vermenge alles gut und gib etwas Basilikum als Garnitur obenauf.

Deine Einkaufsliste

bit.ly/3QNOIP9

Deckel drauf und mitnehmen!

Dieser Salat eignet sich toll zum Mitnehmen. Den fertigen Salat (bis auf das Dressing) in ein Glas füllen und am nächsten Tag zum Beispiel mit ins Schwimmbad nehmen. Erst vor dem Essen mit dem Dressing mischen.

TOMATENSALAT
mit Kürbiskernöl und Grillbaguette

20 MIN | 15 MIN | 5 MIN

DU BRAUCHST

Für den Tomatensalat

400 g Cherrytomaten

¼ Bund Basilikum

½ rote Zwiebel

½ Knoblauchzehe

½ Baguette

Für das Kürbiskernöl-dressing

1 EL Honig

1 EL Estragonsenf

2 EL Aceto balsamico

2 EL Sojasauce

3 EL Kürbiskernöl

SO GEHT'S

1. Wasche die Tomaten und halbiere sie. Wasche das Basilikum, schüttle es trocken und zupfe die Blätter ab. Schäle die Zwiebel und hacke sie in kleine Würfel. Gib alles in eine Schüssel.

2. Verrühre für das Dressing alle Zutaten gut miteinander. Gib es zu den Tomaten und mische es unter.

3. Schäle die Knoblauchzehe und halbiere sie. Schneide das Baguette in Scheiben und toaste sie in einer Grillpfanne oder unter dem Backofengrill für einige Minuten, bis sie knusprig sind. Reibe die Baguettescheiben danach sofort mit der halbierten Knoblauchzehe ein und serviere das Grillbrot zum Tomatensalat.

Deine Einkaufsliste

bit.ly/3DntLHO

Mach doch mal die doppelte Menge des Dressings, denn es hält sich im Kühlschrank ca. eine Woche und du kannst es auch für andere Salate verwenden. So hast du bereits ein Dressing parat und musst nur mehr den Salat vorbereiten.

SNACKS und FINGER FOOD

Bunter TORTILLA-WRAP

15 MIN | 10 MIN | 5 MIN

DU BRAUCHST

1 rote oder gelbe Paprika

2 Frühlingszwiebeln

2 Tortilla-Wraps

4 EL Schmand

100 g geriebener Cheddar

Pfeffer

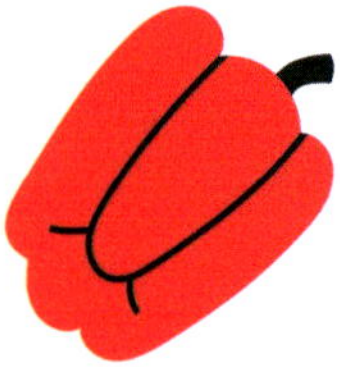

SO GEHT'S

1. Die Paprika und Frühlingszwiebeln putzen, waschen und gut trocken tupfen. Die Paprika würfeln und die Frühlingszwiebeln in Ringe schneiden.

2. Heize den Kontaktgrill vor. Schneide die Tortilla-Wraps von unten senkrecht bis zur Mitte ein.

3. Bestreiche das erste Viertel mit je 2 Esslöffel Schmand und streue etwas Pfeffer drüber. Belege das zweite Viertel mit dem Cheddar. Auf dem dritten Viertel verteilst du die Frühlingszwiebeln und auf das vierte Viertel gibst du die Paprika.

4. Klappe dann das erste Viertel nach oben. Danach wird das Ganze nach rechts geklappt und auf das nächste Viertel gelegt. Zum Schluss noch einmal nach unten klappen und schon ist der Wrap fast fertig. Mit der zweiten Tortilla ebenso verfahren.

5. Tortilla-Wraps in den Kontaktgrill legen, festdrücken und ca. 2–3 Minuten grillen, bis der Käse auszulaufen beginnt, bzw. der Wrap außen schön braun und knusprig geworden ist.

6. Alternativ kannst du die Tortilla-Wraps auch in der Pfanne braten. Die Wraps mit der Hand flach drücken. Ca. 1 Teelöffel Öl in einer beschichteten Pfanne erhitzen und die Wraps darin von beiden Seiten goldbraun braten.

Deine Einkaufsliste

bit.ly/3Dk7XNk

Mein Lifesaver, wenn der Hunger so groß ist und die Lust zu kochen sich in Grenzen hält.

Der Tortilla-Wrap ist eine tolle Möglichkeit, Reste zu verwerten. Nach dem Motto „Hau rein, was gefällt“.

LAUGENCROISSANT

mit Ziegenkäse und Senfmousse

15 MIN | 15 MIN | 0 MIN

DU BRAUCHST

50 g Babyspinat

25 ml Sahne

1 EL Crème fraîche

1 TL körniger Senf

Salz

2 Laugencroissants

150 g Brie von der Ziege oder ein anderer würziger Weichkäse

bunter Pfeffer aus der Mühle

½ Avocado

SO GEHT'S

1. Wasche den Babyspinat und schleudere ihn trocken.
2. Schlage die Sahne mit dem Handrührgerät steif und rühre die Crème fraîche sowie den Senf unter. Schmecke die Mousse mit Salz ab.
3. Schneide die beiden Croissants auf und verteile den Spinat jeweils auf der Unterseite. Schneide den Brie in kleine Scheiben, lege diese auf den Spinat und gib etwas Pfeffer drüber.
4. Die Avocado halbieren. Aus einer Hälfe das Fruchtfleisch mit einem Löffel herauslösen und in Scheiben schneiden. Die Avocadoscheiben auf den Käse legen.
5. Zum Schluss die Senfmousse auf die zwei Croissants verteilen und mit den Deckeln belegen.

Deine Einkaufsliste

bit.ly/4iqPv4o

Als Abwechslung kannst du auch mal Rucola anstatt des Babyspinats verwenden.

BAGUETTE
mit Kürbiskernaufstrich

10 MIN | 5 MIN | 5 MIN

DU BRAUCHST

125 g Quark
2 ½ EL Frischkäse
1 EL Schmand
½ Knoblauchzehe
2 EL Kürbiskernöl
Salz
Pfeffer
1 EL Kürbiskerne
Gartenkresse
½ Baguette

SO GEHT'S

1. Rühre den Quark zusammen mit dem Frischkäse und dem Schmand glatt. Die Knoblauchzehe schälen, pressen und zum Quark geben. Das Kürbiskernöl unterrühren. Mit Salz und Pfeffer würzig abschmecken.

2. Hacke die Kürbiskerne grob. Wasche die Gartenkresse gut und tupfe sie trocken. Gib den Aufstrich in ein Schüsselchen und garniere ihn mit den gehackten Kürbiskernen und der Kresse. Mit frischem Baguette genießen.

Deine Einkaufsliste

bit.ly/3Fd9K7p

Wenn es schon schnell gehen muss, dann aber bitte gesund. Der Aufstrich eignet sich auch perfekt zum Mitnehmen, zum Beispiel als Pausenbrot in der Schule.

RAINBOW ROLLS

mit würziger Erdnusssauce

20 MIN | 20 MIN | 0 MIN

DU BRAUCHST FÜR CA. 10 STÜCK

Für die Rainbow Rolls

10 Stück Reispapier

1 Karotte

1 Avocado

1 Mango

50 g Rotkohl

50 g Sojasprossen

1 Mini-Gurke

ein paar Blättchen Koriander

Für die Erdnusssauce

80 g Erdnussmus

2 EL Ahornsirup

2 EL Sojasauce

1 EL Limettensaft

1 EL Weißweinessig

1 Knoblauchzehe

SO GEHT'S

1. Zuerst schneidest du alle Zutaten für die Rolls – bis auf das Reispapier – in dünne Stifte (Julienne) und legst sie beiseite. Bei der Avocado und der Mango musst du dazu den Stein entfernen. Die Sprossen musst du nicht schneiden. Wenn dir das zu lange dauert, kannst du die Karotte und den Rotkohl auch mit einer Reibe grob raspeln.

2. Fülle einen großen tiefen Teller mit lauwarmem Wasser.

3. Dann lege jedes Reispapierblatt einzeln für ca. 20–30 Sekunden (Packungsbeilage beachten) ins Wasser und gib es anschließend auf ein leicht befeuchtetes Brett.

4. Nun belege das Reisblatt horizontal mit dem Gemüse und je zwei, drei Blättchen Koriander. Dann klappst du die untere Seite des Reispapiers über die Füllung und die rechte und linke Seite nach innen. Danach wickelst du die Rolle von unten nach oben straff ein. Achte darauf, dass die Enden gut verschlossen sind. Das machst du, bis alle Reispapierblätter und die Füllung aufgebraucht sind.

5. Für die Erdnusssauce gibst du alle Zutaten bis auf die Knoblauchzehe in ein hohes Gefäß. Dann presst du die Knoblauchzehe dazu und pürierst alles mit dem Pürierstab zu einer glatten Sauce. Wenn die Sauce zu fest ist, gib so viel Wasser dazu, bis die Sauce eine sämige Konsistenz hat.

Deine Einkaufsliste

bit.ly/3FkNsAt

PIZZASCHNECKEN Margherita-Style

30 MIN 10 MIN 20 MIN

DU BRAUCHST FÜR CA. 15 STÜCK

1 Rolle Pizzateig aus dem Kühlregal

1 Handvoll frisches Basilikum

1 Knoblauchzehe

200 g passierte Tomaten

½ TL getrockneter Oregano

Salz

Pfeffer

125 g abgetropfter Mozzarella

SO GEHT'S

1. Heize den Ofen auf 220 °C Ober-/Unterhitze vor und belege ein Backblech mit Backpapier.
2. Nimm den Pizzateig aus der Packung und rolle ihn aus.
3. Das Basilikum waschen, trocken schütteln und in Streifen schneiden. Die Knoblauchzehe abziehen. Die passierten Tomaten mit dem Basilikum vermengen und den Knoblauch dazu pressen. Oregano unterrühren, mit Salz und Pfeffer würzig abschmecken und auf dem Teig verstreichen.
4. Den Mozzarella in kleine Stücke reißen und gleichmäßig auf dem Teig verteilen.
5. Dann rollst du den Teig von der breiten Seite aus fest ein. Mit einem scharfen Messer schneidest du vorsichtig und ohne Druck ca. 2 cm dicke Rollen ab (sonst drückst du die Füllung aus den Schnecken). Wenn notwendig, zieh die Teigstreifen nochmal fest. Leg die Pizzaschnecken auf das Backblech und backe sie auf der mittleren Schiene ca. 17–20 Minuten goldgelb.

Deine Einkaufsliste
bit.ly/4hf3JUU
Der perfekte Snack zur gemütlichen Movie-Night oder wenn du Freunde zu Besuch hast.
Perfekt auch zum Mitnehmen!

CAPRESE-SANDWICH
mit Rucolapesto

15 MIN | 10 MIN | 5 MIN

DU BRAUCHST

1 Ciabatta

50 g Rucola

1 EL Olivenöl

½ TL getrockneter Oregano

4 getrocknete Tomaten in Öl

2 Kugeln Mozzarella à 125 g

4 EL Rucolapesto (Zubereitung siehe Rucolapesto Seite 137)

etwas Kräutersalz oder Salz

SO GEHT'S

1. Schneide das Ciabatta einmal in der Mitte durch und danach in 2 Hälften.
2. Wasche den Rucola und schleudere ihn trocken.
3. Das Olivenöl mit einem Pinsel auf die Außenseiten des Ciabattas streichen und mit etwas Oregano bestreuen. In einen Kontaktgrill geben, flach pressen und kurz knusprig toasten.
4. Lass die getrockneten Tomaten in Öl abtropfen und schneide sie anschließend in Streifen.
5. Den Mozzarella abtropfen lassen und in Scheiben schneiden.
6. Bestreiche die Innenseiten des Ciabattas mit dem Pesto. Dann belegst du die Unterseiten des Ciabattas mit Rucola, Mozzarella und den getrockneten Tomaten. Streue etwas Kräutersalz darüber und setze den oberen Teil des Ciabattas darauf.

Deine Einkaufsliste

bit.ly/3DqjxGD

Die unwiderstehliche Kombi schmeckt in der gepressten Variante besonders lecker, da sich die Aromen gut miteinander verbinden können. Einfach nach dem Belegen noch mal kurz in einen Kontaktgrill legen.

Nimm doch als Abwechslung mal ein anderes grünes oder rotes Pesto.

CAESAR-SALAD-WRAP

mit spicy Kichererbsen

20 MIN 10 MIN 10 MIN

DU BRAUCHST

Für den Salat

½ kleiner Romanasalat

2 Strauchtomaten

200 g Kichererbsen aus der Dose

½ TL Paprikapulver edelsüß

1 EL Pflanzenöl

2 Tortilla-Wraps

Für das Dressing

1 Knoblauchzehe

1 TL Senf

30 g Mayonnaise

15 g griechischer Joghurt

1 EL Zitronensaft

1 TL Sojasauce

25 g geriebener Parmesan

Salz

SO GEHT'S

1. Den Salat waschen und trocken schleudern. Die Tomaten waschen und abtropfen lassen. Den Knoblauch für das Dressing abziehen.

2. Gib die Kichererbsen in ein Sieb und spüle sie mit kaltem Wasser, bis das Wasser klar ist und lass sie anschließend gut abtropfen. Gib etwas Küchenpapier in eine Schüssel und kippe die Kichererbsen hinein. Schwenke die Schüssel hin und her, bis die Kichererbsen getrocknet sind. Sie müssen trocken sein, bevor wir sie anbraten!

3. Vermische die Kichererbsen mit dem Paprikapulver und etwas Salz. Erhitze das Öl in einer Pfanne und brate die Kichererbsen darin einige Minuten an, bis sie goldbraun geworden sind. Dabei die Pfanne immer wieder schwenken. Beiseitestellen und abkühlen lassen.

4. Für das Dressing gibst du alle Zutaten bis auf den Knoblauch in ein Gefäß und pürierst alles mit dem Stabmixer, bis es eine cremige Konsistenz erreicht hat. Die Knoblauchzehe mit einer Knoblauchpresse dazu pressen und nochmal kurz pürieren. Falls notwendig mit Salz abschmecken.

5. Für den Salat schneidest du den Romanasalat in Streifen und die Tomaten in Scheiben.

6 Den Salat auf die beiden Wraps aufteilen, mit der Hälfte der Kichererbsen und den Tomatenscheiben belegen. Zuletzt das Dressing drüber träufeln. Nun klappst du die beiden Seiten rechts und links ein und rollst den Wrap von unten nach oben. Achte darauf, dass du die Seiten zur Mitte hin einklappst. Zum Schluss schneidest du den Wrap in der Mitte durch. Wenn etwas Dressing übriggeblieben ist, gib es in ein Schälchen und genieß es zu deinem Wrap.

Deine Einkaufsliste

bit.ly/41tqOxh

Griechisches Butterboard „MEERESBRISE“

15 MIN | 15 MIN | 0 MIN

DU BRAUCHST

Für das Brett

ca. 5 abgetropfte Oliven

2 getrocknete Tomaten in Öl

2 crunchy Seetangblätter

100 g zimmerwarme Butter

Kräutersalz

50 g Feta

ca. 10 getrocknete Cranberrys

ca. 10 Mandeln

optional frische Kräuterzweige wie Thymian, Oregano für die Deko

Zum Dippen

Salzbrezeln, Brotchips, Cracker oder Baguette

SO GEHT'S

1. Die Oliven halbieren und die getrockneten Tomaten abtropfen und in Streifen schneiden. Die Seetangblätter in kleine Stücke reißen.
2. Verstreiche die Butter auf einem Brett mit dem Messer und forme mit einem kleinen Löffel einige Mulden. Dann streue etwas Kräutersalz drüber.
3. Zerbrösele den Feta mit den Fingern grob und streue ihn über die Butter. Dann gibst du die getrockneten Tomaten, die Oliven, die Cranberrys, die Mandeln und den Seetang locker darüber.
4. Zum Schluss kannst du für die Deko frische Kräuterzweige über das fertige Board geben und es mit verschiedenen Crackern oder frischem Baguette servieren.

Deine Einkaufsliste

bit.ly/3DzA8rs

So ein Butterboard ist nicht nur optisch ein Genuss – es lässt sich auch mit so vielen leckeren Zutaten belegen und ist dabei jedes Mal anders.

ENCHILADA-SCHÄLCHEN
mit Tomatensalsa

30 MIN | 15 MIN | 15 MIN

DU BRAUCHST FÜR 8 STÜCK

Für die Enchiladas

8 Mini-Weizentortillas
160 g Kidneybohnen
160 g Mais
2 Frühlingszwiebeln
1 Knoblauchzehe
1 EL Pflanzenöl
2 EL Tomatenmark
1 TL Paprikapulver edelsüß
100 ml Gemüsebrühe
Salz
80 g geriebener Cheddar

Für die Tomatensalsa

2 Tomaten
1 Schalotte
2 Zweige Basilikum
2 EL Weißweinessig
1 EL Olivenöl
Salz

SO GEHT'S

1 Heize den Ofen auf 200 °C Umluft (220 °C Ober-/Unterhitze) vor.

2 Stecke je eine Mini-Tortilla vorsichtig in die Vertiefung eines Muffinblechs. Achte darauf, dass die Öffnung für unsere Füllung groß genug bleibt. Backe die Tortillas für ca. 3 Minuten auf der mittleren Schiene, bis sie formstabil geworden sind und stelle sie anschließend beiseite.

3 Den Ofen bei gleicher Temperatur belassen und noch nicht ausschalten.

4 Die Kidneybohnen und den Mais in ein Sieb geben, mit kaltem Wasser abbrausen und abtropfen lassen.

5 Inzwischen die Frühlingszwiebeln in feine Ringe schneiden, die Knoblauchzehe abziehen und fein würfeln.

6 Das Öl in einer Pfanne erhitzen und die Frühlingszwiebeln mit dem Knoblauch ca. 2 Minuten darin anbraten. Das Tomatenmark zugeben, umrühren und 1 Minute mitbraten. Die Bohnen, den Mais und das Paprikapulver zugeben, mit der Gemüsebrühe aufgießen und ca. 3–4 Minuten köcheln lassen. Mit etwas Salz abschmecken.

7 Fülle die Schälchen mit der Masse, verteile den geriebenen Käse darauf und überbacke sie im Backofen für ca. 5 Minuten, bis der Käse geschmolzen ist.

Deine Einkaufsliste

bit.ly/3FkqoBU

8 Für die Tomatensalsa schneidest du die Tomaten würfelig. Hacke die Schalotte fein und gib sie zu den Tomaten. Schneide das Basilikum in Streifen und gib es zu den Tomaten. Mit Essig und Öl anmachen und mit Salz abschmecken.

Wenn dir nach deiner Fiesta mexicana noch etwas übrigbleibt, kannst du die Enchilada-Schälchen auch kalt essen und zum Beispiel am nächsten Tag mit in die Schule nehmen.

VEGGIE-BURGER
mit Avocado und Limettenmayo

30 MIN | 20 MIN | 10 MIN

DU BRAUCHST

Für die Burgerpattys

50 g TK-Erbsen

2 Frühlingszwiebeln

1 Knoblauchzehe

200 g Kichererbsen aus der Dose

1 Ei, Größe M

30 g Pankomehl

2 EL gehackte Petersilie

Salz

2 EL Pflanzenöl

Für das Avocadomus

½ Avocado

1 EL Limettensaft

Salz

Chiliflocken

SO GEHT'S

1. Zuerst bereiten wir die Burgerpattys zu. Etwas Wasser in einem Wasserkocher zum Kochen bringen, die Erbsen damit übergießen und für ca. 3 Minuten stehen lassen. Danach abgießen und abtropfen lassen.
2. Die Frühlingszwiebeln in grobe Stücke schneiden und die Knoblauchzehe schälen und vierteln.
3. Die Kichererbsen in einem Sieb mit kaltem Wasser abbrausen und abtropfen lassen.
4. Schlag das Ei in eine Tasse und verquirle es mit einer Gabel. Dann gibst du Kichererbsen, Erbsen, Lauchzwiebeln, geviertelten Knoblauch, Pankomehl und Petersilie mit dem verquirlten Ei in den Blitzhacker und mixt es zu einer groben Masse. Mit Salz würzen.
5. Nun formst du 2 Burgerpattys aus der Masse. Erhitze das Pflanzenöl in einer Pfanne und lege die Pattys ins heiße Fett. Drücke sie in der Pfanne flach und brate sie beidseitig für einige Minuten, bis sie eine schöne Bräune entwickelt haben. Die Pattys danach beiseitelegen.

Weiter geht's auf der nächsten Seite

Deine Einkaufsliste

bit.ly/3DjUS6E

DU BRAUCHST

Für die Limettenmayo

1 kleine Knoblauchzehe

5 EL Mayo

1 TL Limettensaft

Salz

Für die Burger Buns

2 Brioche-Burger-Brötchen

2 Salatblätter

½ rote Zwiebel

1 Tomate

WEITER GEHT'S

6 Die Burger Buns halbieren und mit der Schnittfläche nach unten in einer Pfanne ohne Fett für ca. 1–2 Minuten anbraten.

7 Für das Avocadomus die Avocado halbieren, den Kern entfernen und das Fruchtfleisch mit einem Löffel herausheben. In ein Schüsselchen geben, mit einer Gabel grob zerdrücken und sofort mit dem Limettensaft vermischen. Mit Salz und Chiliflocken abschmecken.

8 Für die Limettencreme die Knoblauchzehe abziehen und in die Mayo pressen. Mit Limettensaft und Salz abschmecken.

9 Die Salatblätter waschen und trocken tupfen, die rote Zwiebel in feine Ringe, die Tomate in Scheiben schneiden.

10 Den Unterteil des Burgers mit etwas Limettenmayo bestreichen. Dann mit je einem Salatblatt belegen. Danach das Burgerpatty darauflegen und mit der Avocadocreme bestreichen. Zum Schluss die Zwiebelringe und die Tomatenscheiben obenauf legen. Den Deckel darauflegen und losfuttern.

Die Burgerpattys machen sich übrigens auch super als Bratlinge. Einfach mal mit einem Salat als Mittagessen genießen.

MANGO-SLUSHIE
mit Melone und Minze

10 MIN | 10 MIN | 0 MIN

+ Gefrierzeit

DU BRAUCHST

300 g Zuckermelone

1 Mango

½ Limette

300 ml Mango- oder Melonensaft

etwas Kristallzucker

6 Zweige Pfefferminze

SO GEHT'S

1. Halbiere und schäle Melone und Mango. Das Fruchtfleisch schneidest du in Würfel. Lege dir ein bisschen Melone für die Garnitur beiseite.

2. Gib alles in eine flache Gefrierdose und lege diese über Nacht in den Gefrierschrank.

3. Am nächsten Tag die Limette halbieren und den Saft der halben Limette mit der Melone und der Mango im Standmixer mixen. So viel Melonensaft zugeben, bis der Slushie eine cremige Konsistenz bekommt. Probieren und wenn notwendig etwas Zucker zugeben.

4. Von der zweiten Hälfte der Limette eine Scheibe abschneiden und halbieren. Mit der Limettenscheibe einmal um den Rand der Gläser fahren. Den Kristallzucker auf einen kleinen Teller geben. Das Glas umdrehen und mit dem Limettenrand in den Zucker tauchen. Danach den Slushie eingießen und die Pfefferminzzweige in den Drink stecken.

5. Mit einem Kugelausstecher einige Kugeln aus der Melone ausstechen, auf einen kleinen Spieß stecken und den Slushie damit dekorieren.

6. Wenn du keinen Kugelausstecher hast, kannst du die Melone auch in Spalten schneiden und diese dekorativ auf das Glas stecken.

Deine Einkaufsliste

bit.ly/41MJCcg

PASTACHIPS
mit Pizza-Dip

30 MIN | 5 MIN | 25 MIN

DU BRAUCHST

Für die Pastachips

200 g gekochte Pasta, Farfalle oder Fusilli, Trockengewicht 100 g

2 EL Olivenöl

½ Knoblauchzehe

2 EL geriebener Parmesan

1 TL getrockneter Oregano

Salz

Für den Pizza-Dip

50 g Mayonnaise

10 g Ketchup

½ Knoblauchzehe

1 TL italienische TK-Kräuter

Salz

SO GEHT'S

1. Den Ofen auf 200 °C Ober-/Unterhitze vorheizen und ein Backblech mit Backpapier belegen.
2. Gib die Pasta mit dem Olivenöl in eine Schüssel, schäle den Knoblauch und presse eine halbe Zehe dazu. Gib Oregano und Parmesan dazu und vermische alles miteinander. Mit Salz abschmecken.
3. Die Pasta auf dem Backblech gleichmäßig verteilen und im Ofen ca. 18–20 Minuten backen, bis sie goldbraun ist.
4. Für den Dip Mayonnaise mit Ketchup verrühren und die restliche halbe Knoblauchzehe dazu pressen. TK-Kräuter zugeben und gründliche unterrühren. Mit Salz würzig abschmecken.

Deine Einkaufsliste

bit.ly/4kxxT8G

SWEETS

GRANATAPFELCREME

mit Joghurt

10 MIN | 10 MIN | 0 MIN

DU BRAUCHST

2 Eiweiß, Größe M

250 g Joghurt 3,5 %

30 g Puderzucker

½ Päckchen Vanillezucker

1 Spritzer Zitronensaft

50 g Granatapfelkerne

ein paar Blättchen Zitronenverbene als Garnitur (nach Belieben)

SO GEHT'S

1. Schlage das Eiweiß zu festem Eischnee und stelle diesen beiseite.
2. Verrühre Joghurt mit Puderzucker, Vanillezucker und Zitronensaft. Hebe den Eischnee vorsichtig unter.
3. Teile die Creme auf zwei Gläser auf und verteile die Granatapfelkerne darüber. Mit ein paar Blättchen Zitronenverbene garnieren und sofort genießen.

Deine Einkaufsliste

bit.ly/41wodmb

Dich plagt die Lust auf Süßes, aber du willst kalorienmäßig nicht gleich übertreiben? Dann ist dies das perfekte Dessert für dich. Sündig lecker, aber durch die Creme aus Joghurt und Eischnee leicht im Genuss. Ein toller Resteverwerter für übriggebliebenes Eiweiß.

BIRNENTARTELETTES
mit Vanilleeis

30 MIN | 10 MIN | 20 MIN

DU BRAUCHST FÜR CA. 6–8 STÜCK

3 Birnen

1 ½ EL Kristallzucker

½ TL Zimt

1 Rolle Blätterteig

1 EL zerlassene Butter

1 kleine Packung Vanilleeis

SO GEHT'S

1. Heize den Backofen auf 180 °C Umluft vor.
2. Befette ein Muffinblech mit Back-Trennspray oder Butter.
3. Die Birnen schälen, putzen, in kleine Würfel schneiden und in eine Schüssel geben. Den Zucker mit dem Zimt vermischen und unter die Birnen rühren.
4. Stich aus dem Blätterteig Kreise mit einem Durchmesser von 9–11 cm aus. Sie sollen etwas größer sein als die Einbuchtungen im verwendeten Muffinblech.
5. Lege den Teig in die Vertiefungen des Muffinblechs. Verteile die Birnenfülle gleichmäßig auf alle Formen und bestreiche die hervorstehenden Teigränder mit zerlassener Butter.
6. Im Ofen (mittlere Schiene) für ca. 20–25 Minuten backen, bis der Teig eine schöne braune Kruste bekommen hat. Die Tartelettes in der Form abkühlen lassen und vorsichtig aus der Form holen. Mit einer Kugel Vanilleeis servieren.

Deine Einkaufsliste

bit.ly/43osT03

Easy peasy BECHERKUCHEN

50 MIN 10 MIN 40 MIN

DU BRAUCHST FÜR EINE KLEINE GUGELHUPF-FORM

200 g Schmand (= 1 Becher)

1 Becher Mehl, Type 550

½ Päckchen Backpulver

2 Eier, Größe M

1 Becher geriebene Nüsse nach Wahl

1 Becher Zucker

½ Becher neutrales Pflanzenöl, z. B. Maiskeim- oder Rapsöl

1 Päckchen Vanillezucker

etwas Puderzucker zum Bestreuen

SO GEHT'S

1. Die Gugelhupf-Form einfetten und bemehlen. Den Backofen auf 170 °C Umluft vorheizen.
2. Den Schmand in eine große Rührschüssel geben und den Becher danach spülen und trocknen, damit er als Maß genutzt werden kann. Vermische das Mehl gründlich mit dem Backpulver. Verrühre alle Zutaten mit dem Handrührgerät und fülle den Teig in die befettete Form.
3. Backe den Kuchen ca. 40 Minuten im Backofen auf der mittleren Schiene. Mache eine Stäbchenprobe, indem du einen Holzspieß in die Mitte des Kuchens steckst. Bleibt beim Herausziehen Teig dran kleben, ist der Kuchen noch nicht durch und muss nochmal für einige Minuten in den Ofen.
4. Den noch heißen Kuchen unbedingt in der Form kurz abkühlen lassen. Danach mit einem Spatel den Kuchen rundum von der Form lösen und dann erst aus der Form stürzen und auf einem Kuchenrost abkühlen lassen. Vor dem Servieren mit Puderzucker bestreuen.

Deine Einkaufsliste

bit.ly/41HrVLb

Nie mehr Angst vorm Kuchenbacken!

Ein tolles Grundrezept, das du beliebig abwandeln kannst. Du brauchst keine Waage – als Maß dient der leere Schmandbecher. Ideal zum Verwerten von kleinen Restmengen gehackter Nüsse, Mohn, Schokolade, Kakao, Schokodrops etc. Werde kreativ und mische, was die Küche hergibt.

CRUNCHY APFELCREME

mit Cantuccini im Glas

25 MIN | 15 MIN | 10 MIN

DU BRAUCHST

½ EL + 35 g Kristallzucker
1 mittelgroßer Apfel
10 ml Apfelsaft
90 g Cantuccini
125 g Mascarpone
350 g Apfelmark
1 Päckchen Vanillezucker
½ TL gemahlener Zimt
Saft von 1 Limette
Salz
100 ml Schlagsahne

SO GEHT'S

1. Verteile 1 EL Kristallzucker in einer Pfanne und lasse ihn langsam karamellisieren.
2. Inzwischen den Apfel waschen, abtrocknen, entkernen und in dünne Scheiben schneiden. Sobald der Zucker karamellisiert ist, die Apfelscheiben zugeben und ein paar Minuten braten. Mit dem Apfelsaft ablöschen und weiterbraten, bis die Flüssigkeit verdampft ist. Dann mit ca. 30 ml Wasser aufgießen und weiterbraten lassen, bis die Äpfel durch sind und eine schöne Bräune entwickelt haben.
3. Brich die Cantuccini in grobe Stücke.
4. Mascarpone mit Apfelmark, Vanillezucker, Zimt, Limettensaft, 1 Prise Salz und 35 g Kristallzucker cremig rühren. Die Schlagsahne steif schlagen.
5. Zum Schluss Cantuccini, Schlagsahne, Apfelcreme und Apfelstücke schichtweise in die Gläser geben und mit etwas Zimt garnieren.

Deine Einkaufsliste
bit.ly/41K8aT8
Gerne auch als XXL-Portion!
Dieses Dessert ist in ein Glas geschichtetes Glück.

BANANEN-PANCAKES

mit karamellisierten Bananen

25 MIN | 10 MIN | 15 MIN

DU BRAUCHST

2 Eier, Größe M

1 TL Backpulver

125 g Mehl, Type 550

3 Bananen

200 ml Milch

30 g Puderzucker

Salz

2 EL Butter

2 EL Honig

SO GEHT'S

1. Trenne die Eier. Gib das Backpulver zum Mehl und vermische es gut.
2. Schäle die Bananen. Gib zwei Bananen in eine Schüssel und zerdrücke diese mit einer Gabel. Die dritte Banane schneidest du in Scheiben und legst sie beiseite.
3. Eigelb, Milch, Mehl, zerdrückte Bananen und Puderzucker zu einem glatten Teig verrühren.
4. Das Eiweiß mit einer Prise Salz mit dem Handrührgerät zu steifem Schnee schlagen und unter den Teig heben.
5. 1 Esslöffel Butter in einer Pfanne erhitzen und mit Hilfe eines Esslöffels kleine Pfannkuchen in die Pfanne setzen. Pro Pfannkuchen verwendest du ca. 2 EL Teig. Die Pfannkuchen auf jeder Seite ca. 1–2 Minuten backen.
6. Inzwischen in einer weiteren Pfanne 1 Esslöffel Butter zerlassen und den Honig zugeben. Die Bananenscheiben darin bei mittlerer Hitze für ca. 2 Minuten braten.
7. Pancakes mit den Bananenscheiben belegen, den flüssigen Honig mit einem Löffel drüber träufeln und servieren.

Deine Einkaufsliste

bit.ly/3Docle2

Schmeckt besonders gut, wenn du eine Kugel Vanille- oder Schokoladeneis darauf gibst.

TASSENKUCHEN aus dem Ofen

25 MIN | 5 MIN | 20 MIN

DU BRAUCHST

Für den Apfel-Zimt-Tassenkuchen

50 g Butter

½ Apfel

8 EL Mehl, Type 550

½ TL Backpulver

2 Eier

2 EL gemahlene Walnüsse

5 EL Puderzucker

½ TL Zimt

SO GEHT'S

Apfel-Zimt-Tassenkuchen

1. Heize den Backofen auf 180 °C Ober-/Unterhitze (160 °C Umluft) vor.
2. Erwärme die Butter langsam in einem kleinen Topf. Schäle den Apfel und würfle ihn klein.
3. Das Mehl in eine Schüssel geben und mit dem Backpulver gut vermischen. Die Eier in einem Schälchen mit einer Gabel kräftig aufschlagen und mit Mehl, Backpulver, Walnüssen, Puderzucker, Zimt, Butter und Apfelstückchen zu einem Teig vermischen.
4. Teile den Teig auf 2 ofenfeste Tassen auf und gib diese für ca. 20 Minuten in den Ofen. Stäbchenprobe machen. Wenn noch Teig am Stäbchen klebt, gibst du den Kuchen nochmal für ein paar Minuten in den Ofen.

Weiter geht's auf der nächsten Seite

Deine Einkaufsliste

bit.ly/4iaS6Q8

DU BRAUCHST

Für den Schokoladen-Tassenkuchen

2 Eier, Größe M

10 EL Mehl, Type 550

½ TL Backpulver

5 EL Zucker

3 EL Kakaopulver

6 EL neutrales Speiseöl, z. B. Raps- oder Maiskeimöl

2 EL Schokodrops

ein paar frische Himbeeren und optional getrocknete Himbeeren als Deko

WEITER GEHT'S

Schokoladen-Tassenkuchen

1. Backofen auf 180 °C Ober-/Unterhitze (160 °C Umluft) vorheizen.

2. Die Eier mit einer Gabel in einer Tasse kräftig aufschlagen. Mehl, Backpulver, Zucker, Kakaopulver und das Öl mit den Eiern vermischen. Zum Schluss die Schokodrops untermengen.

3. Den Teig auf 2 ofenfeste Tassen aufteilen und für ca. 20 Minuten im Ofen backen. Stäbchenprobe machen. Wenn noch Teig am Stäbchen klebt, gibst du den Kuchen nochmal für ein paar Minuten in den Ofen.

FROZEN YOGHURT
mit Mango-Swirl

15 MIN | 15 MIN | 0 MIN

+ 3 h Kühlzeit

DU BRAUCHST FÜR 5 PORTIONEN

1 reife Mango

1 Päckchen Vanillezucker

7 EL Rohrzucker

2 EL Limettensaft und -abrieb

500 g griechischer Joghurt 10 %

ein paar Blättchen Minze oder Zitronenmelisse für die Garnitur

SO GEHT'S

1. Schneide die Mango in 2 Hälften und hebe das Fruchtfleisch mit einem Löffel aus der Schale. Befreie den Kern mit einem Messer vom Fruchtfleisch. Das Fruchtfleisch schneidest du in grobe Würfel und gibst diese in einen hohen Mixbecher.

2. Den Vanillezucker mit 2 Esslöffel Rohrzucker und 1 Esslöffel Limettensaft zu den Mangostücken geben und mit einem Pürierstab mixen. In den Kühlschrank stellen.

3. Joghurt mit 5 EL Rohrzucker, 1 EL Limettensaft und -abrieb gut verrühren. In eine breite Plastikdose geben und für ca. 30 Minuten in den Gefrierschrank stellen.

4. Danach die Dose aus dem Gefrierschrank holen und die Mangomasse auf dem Joghurt verteilen. Mit einer Gabel einmal in Schlangenlinien durch die Masse fahren und für weitere 3 Stunden oder über Nacht in den Gefrierschrank geben.

5. Mit einem Eisportionierer schichtweise Kugeln aus der Masse abschaben und in einer Schale servieren. Mit ein paar Blättchen Zitronenmelisse oder Pfefferminze garnieren.

Deine Einkaufsliste

bit.ly/3DqmxTp

Am besten machst du gleich eine größere Menge davon. Du wirst sehen, der Frozen Yoghurt ist sehr beliebt …

Bananen-SUSHI

10 MIN | 10 MIN | 0 MIN

DU BRAUCHST

2 Pfannkuchen

1–2 EL crunchy Erdnussbutter

1–2 EL Haselnusscreme

2 Bananen

Schokoladensauce

Mögliche Toppings

Haferpops

Kokosraspel

bunte Streusel

getrocknete Himbeeren oder Erdbeeren

SO GEHT'S

1. Breite die Pfannkuchen aus und bestreiche einen mit Erdnussbutter und den anderen mit Haselnusscreme. Nun legst du je eine geschälte Banane auf die Pfannkuchen und biegst sie vorsichtig gerade. Wickle die Banane in den Pfannkuchen ein und rolle alles straff auf. Dann scheidest du die Rolle in Scheiben.

2. Gib etwas Schokoladensauce in ein kleines Schälchen, tauche das Bananen-Sushi in die Schokoladensauce und setze es anschließend auf einen Teller. Danach kannst du die Stückchen nach Belieben mit Haferpops, Streuseln, Kokosraspeln oder getrockneten Himbeeren bestreuen.

Deine Einkaufsliste

bit.ly/4ilN6ls

JOGHURT
mit Haferpops und Beeren

20 MIN | 10 MIN | 10 MIN

DU BRAUCHST FÜR EIN SCHRAUBGLAS | CA. 300 ML

Für die karamellisierten Haferpops

2 EL Butter

60 g Haferflocken

60 g Haferpops (alternativ Puffreis oder Puffdinkel)

4 EL brauner Zucker

30 g gemischte Nüsse

20 g getrocknete Cranberrys

Für den Joghurt

200 g griechischer Joghurt

100 g frische Beeren

SO GEHT'S

1. Die Butter in einer Pfanne zerlassen und die Haferflocken darin anbraten, bis sie goldbraun sind. Dann die Haferpops zugeben, einmal umrühren und in der Pfanne ganz zur Seite schieben.
2. In die freie Hälfte der Pfanne den Zucker streuen und warten, bis er karamellisiert. Die Hitze etwas reduzieren. Wenn der Zucker geschmolzen ist, die Pfanne vom Herd nehmen und die Haferpops mit dem Zucker vermischen. Gut verrühren und eventuelle Klümpchen zerkleinern (die werden nach dem Erkalten hart!). Danach beiseitestellen und kurz abkühlen lassen.
3. Inzwischen die Nüsse grob hacken und mit den Cranberrys zu den Haferpops geben.
4. Den Joghurt auf 2 Gläser aufteilen. Ein bisschen von den Haferpops darüber streuen und mit Beeren belegen.
5. Du kannst die völlig erkalteten Haferpops in ein Schraubglas füllen und für ca. 2–3 Wochen aufbewahren.

Deine Einkaufsliste

bit.ly/43yr8gO

Bereite dir am besten gleich eine größere Menge der karamellisierten Haferpops zu. Über Joghurt gestreut hast du immer einen schnellen Snack parat.

CROFFLES
mit Haselnusscreme und Früchten

10 MIN | 5 MIN | 5 MIN

DU BRAUCHST FÜR CA. 8–10 STÜCK

1 Rolle Croissant-Teig aus dem Kühlregal

etwas Haselnusscreme

einige Beeren, z. B. Himbeeren oder Erdbeeren als Topping

Schokoladensauce

Puderzucker zum Bestreuen

SO GEHT'S

1. Das Waffeleisen aufheizen und leicht einfetten.
2. Den Teig aus der Packung nehmen und auf ein Schneidebrett legen.
3. Für die gefüllten Croffles schneidest du den Teig in ca 1 cm dicke Scheiben. Wenn du sie ungefüllt essen möchtest und nur ein Topping daraufgibst, dann kannst du ca. 1,5 cm dicke Rollen schneiden.

Version 1: Croffles mit Puderzucker und Obst

Den Teig in ca. 1,5 cm dicke Scheiben schneiden und im Waffeleisen goldbraun backen. Mit Puderzucker bestreuen, wer mag, kann einen Klecks Joghurt in die Mitte geben und die Croffles mit Beeren belegen. Du kannst z. B. auch gehackte Pistazienkerne drüberstreuen.

Version 2: mit Haselnusscreme gefüllte Croffles

Den Teig in 1 cm dicke Scheiben schneiden. ½ Teelöffel Haselnusscreme in die Mitte geben und außen einen Rand lassen. Eine 2. Teigscheibe darüberlegen. Die Teigränder außen leicht zusammendrücken, damit die Fülle in den Croffles bleibt. Im Waffeleisen goldbraun backen. Etwas Schokosauce darübergeben.

Deine Einkaufsliste

bit.ly/3FkptBu

Schon gewusst? Waffel + Croissant = Croffle. Diese Mischung aus Waffel und Croissant schmeckt pur mit Topping genauso gut wie in der gefüllten Variante. Am besten probierst du gleich beide Varianten aus.

PESTOS und DIPS

Sauberkeit ist bei Pestos das A&O – am besten man sterilisiert die sauber gewaschenen Schraubgläser vor der Verwendung für 15 Minuten im 120 Grad heißen Backofen und gibt die Deckel kurz in einen Topf mit kochendem Wasser. Vor dem Einfüllen muss beides ausgekühlt sein.

BÄRLAUCHPESTO

Deine Einkaufsliste

bit.ly/3QN7JRI

3 KLEINE GLÄSER

60 g Bärlauch

90 g Parmesan

70 g Pinienkerne

150 ml Olivenöl extra nativ + eine kleine Menge zum Aufgießen

1 TL Salz

SO GEHT'S

1. Wasche den Bärlauch und tupfe ihn trocken. Reibe den Parmesan.
2. Die Pinienkerne zusammen mit dem Bärlauch in einem Cutter zerkleinern. Den Parmesan und etwas Salz zugeben und nochmal zerkleinern. Gieß das Olivenöl zu, verrühre alles gut und fülle das Pesto in sterile (!) Gläser. Dann gießt du es mit Olivenöl auf, bis das Pesto vollständig mit dem Öl bedeckt ist und verschließt die Gläser mit den Deckeln.
3. Im Kühlschrank hält sich das Pesto für ca. 2 Wochen.

AVOCADODIP

Deine Einkaufsliste

bit.ly/41K7WLL

FÜR 4 PERSONEN

2 sehr frische Eier, Größe M

250 ml Maiskeimöl

2 Avocados

1 Knoblauchzehe

1 EL Kapern

Salz

Pfeffer

1 TL würziger Estragonsenf

1 EL TK-Kräutermischung (zum Beispiel 6-Kräuter)

2 TL Saft und Zeste von 1 Bio-Zitrone

3 EL Crème fraîche natur

SO GEHT'S

1. Alle Zutaten für die Mayonnaise müssen Zimmertemperatur haben!
2. Gib die Eier in einen hohen Becher und mixe sie mit dem Stabmixer kräftig. Gib das Öl tröpfchenweise zu und mixe dabei durchgehend. So lange aufschlagen, bis eine dickcremige Mayonnaise entstanden ist.
3. Halbiere die Avocados und schäle das Innere mit einem Löffel heraus. Zerdrücke sie mit einer Gabel und gib die Masse zur Mayonnaise. Schäle den Knoblauch und presse ihn mit den Kapern zusammen mit der Knoblauchpresse durch und gib alles zur Mayonnaise. Salz, Pfeffer, Senf, Kräuter und Zitronensaft zugeben. Mit einer Reibe ein bisschen Zitronenschale abreiben und zugeben. Zum Schluss die Crème fraîche unterrühren und würzig abschmecken.

RUCOLAPESTO

Deine Einkaufsliste

bit.ly/4iuxv98

FÜR 4 PERSONEN

2 Knoblauchzehen

70 g Parmesan

100 g Rucola

50 g Pinienkerne

5 EL Olivenöl extra nativ + etwas zum Aufgießen

Salz

SO GEHT'S

1. Die Knoblauchzehen schälen. Den Parmesan grob reiben. Den Rucola waschen, trocknen und grob hacken.
2. Gib den Rucola mit den Pinienkernen, den Knoblauchzehen und dem Parmesan in einen Blitzhacker und püriere alles zu einer groben Paste. Gib 5 Esslöffel Öl zu und verrühre es zu einer cremigen Paste. Probiere das Pesto und schmecke es mit Salz ab.
3. Füll die Paste in ein steriles (!) Schraubglas und fülle es mit Olivenöl auf, bis das Pesto gut bedeckt ist. Im Kühlschrank hält es sich für ca. 2 Wochen.

TOMATENDIP

Deine Einkaufsliste

bit.ly/4i3mbkG

FÜR 4 PERSONEN

4 reife Fleischtomaten

2 kleine Knoblauchzehen

2 TL getrockneter Oregano

4 EL Olivenöl extra nativ

Salz

½ Baguette

SO GEHT'S

1. Wasche die Tomaten und tupfe sie trocken. Schäle den Knoblauch.
2. Reibe dann die Tomaten mit einer Reibe direkt in eine Schüssel. Dabei bleibt die Schale übrig – die kannst du entsorgen. Zerreibe den Oregano zwischen den Fingern und gib ihn zu den Tomaten (so kann sich das Aroma besser entfalten). Presse den Knoblauch dazu und gib das Olivenöl zu. Mit Salz würzig abschmecken.
3. Schneide das Baguette in Scheiben und toaste diese kurz. Entweder man teilt den Dip in zwei Portionen auf und jeder taucht das Baguette in den Dip oder man serviert ihn in einer größeren Schale, nimmt den Dip mit einem Löffel aus der Schale und gibt ihn Bissen für Bissen aufs Brot.

Register

L

M

N

O

P

T

W

Z

Danksagung & über die Autorin

Mein Dank gilt meiner lieben Familie, die mich auch während der Produktion dieses Buches so liebevoll und einfühlsam unterstützt hat.

Mittlerweile sehr erfahren, nähern sich meine Kinder nur mehr mit diesen Worten der Küche: „Mama, musst du das noch fotografieren oder darf ich es essen?". Auch wenn es für die beiden oft eine große Überwindung war, NICHT gleich in bunte Schüsselchen fassen zu dürfen, haben sie sich sehr verständnisvoll der Situation gefügt. Dafür möchte ich euch von Herzen danken!!

Mein lieber Mann verfügt wie kein anderer in jeder Situation über das nötige Einfühlungsvermögen. Egal ob es gerade notwendig war, die Kinder zu beschäftigen, während ich die dritte Runde am Flohmarkt drehen musste, weil das passende Teil noch nicht gefunden war oder mir andere Dinge abnahm, um mich ganz dem Buch widmen zu können. Oft war es auch nur ein offenes Ohr zur richtigen Zeit, das mir über stressige Situationen hinweggeholfen hat. Danke, dass du so bist, wie du bist und mich auch bei diesem Projekt völlig selbstlos unterstützt hast.

An dieser Stelle möchte ich auch dem EMF-Verlag danken, der mir wiederholt sein Vertrauen entgegengebracht hat und mit mir gemeinsam *Veggie Kitchen – Das Kochbuch für Teenager* ins Leben gerufen hat. Gemeinsam haben wir die eine oder andere Klippe souverän umschifft und sind mit vereinten Kräften, auch nach zeitweise hohem Seegang, sicher in den Hafen eingelaufen.

Ich danke euch allen von Herzen!

BETINA WECH-NIEMETZ

Schon seit Jahren widmet sich die Wahl-Berlinerin Betina Wech-Niemetz mit großer Leidenschaft dem Thema „Schnelle und gesunde Küche". Auf ihrem Foodblog www.mundgefuehl.com sowie in diversen Publikationen stellt sie immer wieder schnelle, einfache, aber nicht alltägliche Rezepte vor. Ihr ist es eine Herzensangelegenheit zu zeigen, wie man auch im Alltagsstress schnell und einfach gutes Essen auf den Tisch zaubern kann und wie wenig dafür notwendig ist. Wie genussvoll einfache Küche sein kann, spiegelt sich in ihren stimmungsvollen Food-Fotos wider. Sie liebt es, Genuss in appetitanregenden Bildern greifbar zu machen, was in ihrer besonderen Bildsprache zum Ausdruck kommt. Einst als Hobby begonnen, führte es die Autorin in einen wunderschönen Beruf.

Impressum

Bibliografische Information der Deutschen Bibliothek.

Die Deutsche Bibliothek verzeichnet diese Publikation in der Deutschen Nationalbibliografie.

Detaillierte bibliografische Daten sind im Internet über http://www.dnb.de/ abrufbar.

Bei Fragen zur Produktsicherheit wenden Sie sich an

Edition Michael Fischer GmbH
Kistlerhofstr. 70
81379 München
kontakt@emf-verlag.de

EIN BUCH DER EDITION MICHAEL FISCHER

2. Auflage 2025

Cover, Layout & Satz: Zoe Mitterhuber

Redaktion & Lektorat: Christine Birnbaum

Bildnachweis: Betina Wech-Niemetz, mit Ausnahme von S. 6 © Annie Spratt/Unsplash, S. 7 li. © Caroline Attwood/Unsplash, re. © Tracey Hocking/Unsplash, S. 11 @ New Africa/Shutterstock, **Illustrationen:** Gemüse & Obst: © Favebrush/Shutterstock, © spirkaart/Shutterstock, © yakushenko_anna/Shutterstock, © catandchild/Shutterstock | Küchenwerkzeug: © Flash Vector/Shutterstock | Polaroid-Rahmen: © Lutfar/Shutterstock | Icons: © MAKSIM ANKUDA/Shutterstock

ISBN 978-3-7459-2193-9

Gedruckt bei Polygraf Print, Čapajevova 44, 08001 Prešov, Slowakei

www.emf-verlag.de